AF368493

مجموعہ

(کلیات احمد مشتاق)

1952 تا 2018

ترتیب و تدوین

نوشاد کامران

مجموعہ

(کلیات احمد مشتاق)

1952 تا 2018

ترتیب و تدوین:

نوشاد کامران

عرشیہ پبلی کیشنز، دہلی-95

کتاب : مجموعہ (کلیات احمد مشتاق)

شاعر : احمد مشتاق

مرتب : نوشاد کامران

اشاعت اول: ۲۰۱۹

ناشر : عرشیہ پبلیکیشنز، دہلی، 110095

MAJMUA
KULLIYAT-E-AHMED MUSHTAQ
by Ahmed Mushtaq
Edited by Naushad Kamran
1st Edition: 2019

ملنے کے پتے

○ مکتبہ جامعہ لمیٹڈ، اُردو بازار، جامع مسجد، دہلی ۔6	011-23260668
○ کتب خانہ انجمن ترقی اردو، جامع مسجد، دہلی	011-23276526
○ رائی بک ڈپو، 734، اولڈ کٹرہ، الہ آباد۔	+91 9889742811
○ ایجوکیشنل بک ہاؤس، علی گڑھ	+91 9358251117
○ بک امپوریم، اُردو بازار، سبزی باغ، پٹنہ ۔ 4	+91 9304888739
○ کتاب دار، ممبئی۔	+91 9869321477
○ ہدیٰ بک ڈسٹری بیوٹرس، حیدرآباد	+91 9246271637
○ مرزا ورلڈ بک، اورنگ آباد۔	+91 9325203227
○ عثمانیہ بک ڈپو، کولکاتہ	+91 9433050634
○ قاسمی کتب خانہ، جموں توی، کشمیر	+91 9797352280

arshia publications

A-170, Ground Floor-3, Surya Apartment, Dilshad Colony, Delhi - 110095
(INDIA) Mob: +91 9971775969, +919899706640
Email: arshiapublicationspvt@gmail.com

فہرست

مجموعہ

گردِ مہتاب

12

اشعار

کلیات) طباعت اول، الہ آباد (

نیا کلام

کلیات (اشاعت دوم، لاہور)

اشعار

اوراق خزانی

اشعار

نظمیں

تراجم

نیا کلام (کچھ مطبوعہ کچھ غیر مطبوعہ)

تراجم

اشعار

● ● ●

عرضِ مرتب

اردو نے چند ہی ایسے شاعر پیدا کیے ہیں جنھوں نے اپنی صلاحیت اور علو خیالی کے بل بوتے پر اپنی شاعری کو بوالہوسی اور سستی شہرت کے پرستاروں کا کھلونا بننے سے بچائے رکھا۔ بلا شبہ احمد مشتاق کا شمار انھیں چند ممتاز شعرا میں ہوگا۔ احمد مشتاق کی شاعری کا سرسری ہی مطالعہ ان کی انفرادی حیثیت اور اعلیٰ معیارِ شاعری کا احساس دلانے کے لئے کافی ہے۔ ادب کے سنجیدہ طالبِ علم اور عمدہ شعری ذوق رکھنے والے قاری کے لئے احمد مشتاق کا کلیات بہترین خزینہ ہے۔

احمد مشتاق کے کلام کی سب سے بڑی خوبی ان کے کلام کی تازگی ہے اور عجیب بات یہ ہے کہ ان کا کلام پہلی ہی نظر میں متاثر کرتا ہے لیکن اس کا اسرار کھلتا نہیں کہ وہ کون سی شے ہے جو دل میں اترتی جا رہی ہے۔ اسی لئے ان کے کلام میں ایک طرح کی سریت اور پراسرار کیفیت کا احساس بھی ہوتا ہے۔ لیکن شعر پڑھنے کے بعد جب معنی کی پرتیں وا ہونا شروع ہوتی ہیں تو قاری کو وہ تجربہ حاصل ہوتا ہے جسے غالب نے روح کا اہتزاز کہا تھا۔

دھیمی ہے مسافروں کی رفتار

کھلنے لگے راستوں کے اسرار

بادی النظر میں یہ شعر اپنی تمام تازگی اور بے ساختگی کے باوجود ایک معمولی سا شعر معلوم ہوتا ہے مگر جب لفظ 'اسرار' کے اسرار ہم پر کھلتے ہیں اور شعر ہمارے ذہن میں راستوں کے

اسرار کے امکانات تعمیر کرنے لگتا ہے تو کائنات میں انسان کے سفر کی وسعتیں اور تنگیاں واضح ہونے لگتی ہیں ۔

احمد مشتاق کے اشعار میں جذبات کی ہنگامہ آرائی سے پاک ہیں ۔ان کے یہاں جذبات کو قابو میں رکھنے کا معاملہ صرف ادعائے شاعرانہ نہیں کہ کہیں جذبات میں نہ بہہ جاؤں، بلکہ عملی طور پر بھی ان کا کلام ضبط اور تمکین اور ایک طرح کی درویشانہ بے پروائی سے عبارت ہے ۔ان کے اشعار ہماری سماعت اور ذہن پر ٹھہرے ہوئے پانی میں برگ گل کے گرنے کی سی کیفیت پیدا کرتے ہیں ۔

ہم ان کو سوچ میں گم دیکھ کر واپس پلٹ آئے
وہ اپنے دھیان میں بیٹھے ہوئے اچھے لگے ہم کو

نئے دیوانوں کو دیکھیں تو خوشی ہوتی ہے
ہم بھی ایسے ہی تھے جب آئے تھے ویرانے میں

مندرجہ بالا ابتدائی باتیں میں نے صرف زرہ امتثال امرِعرض کی ہیں کہ جناب شمس الرحمن فاروقی کے ارشاد کی تعمیل ضروری تھی ۔اب میں اس کلیات کی جمع آوری کی روداد بیان کرتا ہوں ۔

اس کلیات بعنوان''مجموعہ'' میں احمد مشتاق کے اب تک کے تمام کلام کو یکجا کیا گیا ہے ۔ اس میں کوشش یہ کی گئی ہے کہ پرانے کلیات (ہندوستانی اور پاکستانی) اور دیگر مجموعوں کو تمام و کمال شامل کر لیا جائے کہ یہ کتاب حقیقی معنی میں کلیات بن جائے ۔کوشش یہ بھی کی گئی ہے کہ گذشتہ مجموعوں اور کلیات کے بھی دونوں ایڈیشنوں کو کسی نہ کسی حیثیت سے برقرار رکھا جائے ۔

اسی لئے مجموعوں اور کلیات کو زمانی اعتبار سے ترتیب دیا گیا ہے۔ اس کلیات میں سب سے پہلے احمد مشتاق کے اولین مجموعہ کلام "مجموعہ" (1966) کو رکھا گیا ہے۔ جو البیان پبلیکیشنز، لاہور سے طبع ہوا تھا اور اس کا سرورق شاکر علی کا بنایا ہوا ہے۔ احمد مشتاق چاہتے تھے کہ اس سرورق کو کلیات کا بھی سرورق بنایا جائے۔ لیکن افسوس کہ ان کی یہ فرمائش پوری نہ ہوسکی۔ کیونکہ "مجموعہ" کا جو نسخہ فاروقی صاحب کے کتب خانے میں دستیاب ہے وہ بہت کہنہ اور کثرت مطالعہ کے باعث خستہ ہو چکا ہے۔ لہذا احمد مشتاق سے استصواب کرکے اس سرورق کو ترک کیا گیا۔ موجودہ سرورق کو احمد مشتاق کی منظوری حاصل ہے اور یہ اس کلیات کے پبلشر اور ہونہار مصور اظہار ندیم کا بنایا ہوا ہے۔ کلیات کے نام کے بارے میں احمد مشتاق صاحب سے مشورہ کیا گیا تو انھوں نے فرمایا کہ پورے کلیات کا بھی نام "مجموعہ" ہو تو خوب ہو۔ چنانچہ یہ کلیات "مجموعہ" کے زیر عنوان اشاعت پذیر ہو رہا ہے۔

پہلے مجموعے کے بعد دوسرا مجموعہ کلام "گردِ مہتاب" رکھا گیا ہے۔ جو پہلی بار (فروری 1981) مکتبہ خیال، لاہور سے شائع ہوا تھا، اس کے ناشر حسن سلطان تھے۔ اس مجموعے کا پیش لفظ انتظار حسین نے لکھا تھا جسے شامل کلیات کیا جا رہا ہے۔ اس کے بعد کلیات الٰہ آباد (2004) کو رکھا گیا ہے۔ اس کلیات میں کلیات اشاعت اول، لاہور (1992) کا کلام بھی شامل تھا۔ اس کے بعد کلیات اشاعت دوم، لاہور (2008) کو شامل کیا گیا ہے۔ یہ کلیات سنگ میل پبلیکیشنز، لاہور سے چھپا تھا۔ اس کے بعد احمد مشتاق کے تیسرے مجموعہ کلام "اوراقِ خزانی" کو رکھا گیا ہے جو 2015 میں ریختہ فاؤنڈیشن، نئی دہلی سے شائع ہوا تھا۔ سب کے بعد ان کا بقیہ کلام "کچھ مطبوعہ اور کچھ غیر مطبوعہ" کے زیر عنوان شامل کیا گیا ہے۔ اس میں وہ غزلیں، نظمیں، تراجم اور متفرق اشعار ہیں جو گذشتہ کسی بھی مجموعے یا کلیات میں شامل نہیں ہیں۔ آخر میں ناصر کاظمی اور محمد سلیم الرحمن کی نثری تحریروں کو شامل کیا گیا ہے جو اب تک کسی

مجموعے یا کلیات میں شامل نہیں تھیں ۔

اس طرح خاصی مشقت کے بعد اس کلیات کی تدوین کا مرحلہ طے ہوا۔ میں نے اس کلیات کو کتابت اور پروف کی خامیوں سے پاک رکھنے کی حتی المقدور کوشش کی ہے ۔ پروف خوانی کے آخری مرحلے پر جناب احمد مشتاق سے بھی مدد لی گئی اور ان کی تصحیحات اور اصلاحات سب شامل کر لی گئیں ۔ اس کے بعد بھی یہ کلیات دوبارہ بغور پڑھا گیا اور مجھے امید ہے کہ اب یہ غلطیوں سے مبرا ثابت ہوگا۔

میں اپنے مربی اور استاد معنوی شمس الرحمن فاروقی کا تہ دل سے شکریہ ادا کرتا ہوں کہ انھوں نے مجھ خاکسار کو اس کام کا ذمہ دیا اور وہ تدوین کی ابتدا سے آخری لمحے تک میری رہنمائی اور مدد کرتے رہے ۔ انھیں کی زیر نگرانی یہ کلیات پروف خوانی اور تدوین کے مرحلوں سے گذرا ہے ۔ میں اس کتاب کے مصنف ، نامور شاعر اور نابغہ روزگار جناب احمد مشتاق کا بھی شکر گذار ہوں کہ انھوں نے میرے او پر بھروسا کیا اور اس کتاب کے لئے تدوین کی اجازت مرحمت کی ۔ اس طرح اس کلیات میں مجھ کم علم کے علاوہ دو بڑی شخصیتوں کی توجہ اور مدد شامل رہی ہے ۔ میں ان کا شکر گذار ہوں ۔ میں جناب اظہار ندیم مالک عرشیہ پبلیکیشنز، دہلی کا بھی شکر گذار ہوں کہ انھوں نے اس کلیات کی اشاعت کی ذمہ داری اپنے اوپر لی اور اس فرض کو بحسن وخوبی ادا کیا ۔ امید ہے کہ یہ کلیات ”مجموعہ“ با ذوق قارئین کی توجہ کا مرکز بنے گا۔

الہ آباد ‌‌—— نوشاد کامران

16 ؍ اکتوبر 2018

پہلا مجموعۂ کلام

مجموعہ

(1952 سے 1966 تک)

اشاعتِ اول: لاہور

البیان پبلی کیشنز

سرِ ورق: شاکر علی

غالب احمد کے نام

درہمی حال کی ساری ہے مرے دیواں میں

سیر کر تو بھی یہ مجموعۂ پریشانی کا

میر

ترے دیوانے ہر رنگ رہے ترے دھیان کی جوت جگائے ہوئے
کبھی نتھرے ستھرے کپڑوں میں کبھی انگ بھبھوت رمائے ہوئے

اس راہ سے چھپ چھپ کر گذری رت سبز سنہرے پھولوں کی
جس راہ پہ تم کبھی نکلے تھے گھبرائے ہوئے شرمائے ہوئے

اب تک ہے وہی عالم دل کا وہی رنگ شفق وہی تیز ہوا
وہی سارا منظر جادو کا میرے نین سے نین ملائے ہوئے

چہرے پہ چمک آنکھوں میں حیا لب گرم خنک چھب نرم نوا
جنھیں اتنے سکون میں دیکھا تھا وہی آج ملے گھبرائے ہوئے

ہم نے مشتاق یونہی کھولا یادوں کی کتاب مقدس کو
کچھ کاغذ نکلے خستہ سے کچھ پھول ملے مرجھائے ہوئے

تو آپ سے آپ آگیا تھا
میں کب تجھے ڈھونڈنے چلا تھا

اب رات تھی اور گلی میں رکنا
اس وقت عجیب سا لگا تھا

دبلا پتلا نحیف سا چاند
شاخوں سے پرے گذر رہا تھا

بدلی بوندیں اتارتی تھی
اب چاند رکا ہوا کھڑا تھا

بادل کی گرج ڈراؤنی تھی
چھاجوں پانی برس رہا تھا

کوئی بے حد پرانا نغمہ
ساحل سے بلند ہو رہا تھا

ساز و آواز دینے والے
مشتاق فقیر بے نوا تھا

شفق میں رنگ ہیں بیتتے ہوئے زمانے کے
بہت اداس ہیں دن تیرے یاد آنے کے

وہ پتیوں سے بھری ٹہنیاں تری باہیں
بلا رہے ہیں شجر تیرے آستانے کے

وہ جن دنوں میں کرم بے حساب تھا تیرا
وہی تو دن تھے مرے کھیلنے کے کھانے کے

سفر میں منزل و ماندگی بھی شامل ہے
اٹھا رہا ہوں مزے تھک کے بیٹھ جانے کے

سلگ رہی ہے فضا میں بہار کی خوشبو
چمن سے دور کھلے پھول آشیانے کے

گم ہے انھیں گلیوں میں کوئی ہم سفر اپنا
یہ جھانکنا یوں ہی تو نہیں دربدر اپنا

آنکھوں ہی سے شاید کوئی صورت نکل آئے
باتوں سے تو قصہ نہ ہوا مختصر اپنا

اب شوق کی آواز نہیں دور کی آواز
اب کر بھی چکیں کام یہ قلب و نظر اپنا

اب آنکھ بھی نم درد بھی کم تیرے لئے ہے
اب گریۂ شب ہے نہ سکون سحر اپنا

دل ہی تو نہیں منزل آشفتہ مزاجاں
اس آبلے پر ختم نہیں ہے سفر اپنا

رستّے کے پلوں پر سے گذرتے ہیں مسافر
ٹھہری ہوئی جھیلوں میں گھرا ہے نگر اپنا

چاند بھی نکلا ستارے بھی برابر نکلے
مجھ سے اچھے تو شبِ غم کے مقدر نکلے

شام ہوتے ہی برسنے لگے کالے بادل
صبح دم لوگ دریچوں میں کھلے سر نکلے

کل ہی جن کو تری پلکوں پہ کہیں دیکھا تھا
رات اسی طرح کے تارے مری چھت پر نکلے

دھوپ ساون کی بہت تیز ہے دل ڈرتا ہے
اس سے کہہ دو کہ ابھی گھر سے نہ باہر نکلے

پیار کی شاخ تو جلدی ہی ثمر لے آئی
درد کے پھول بڑی دیر میں جا کر نکلے

دل ہنگامہ طلب یہ بھی خبر ہے تجھ کو
مدتیں ہوگئیں اک شخص کو باہر نکلے

چھٹ گیا ابر شفق کھل گئی تارے نکلے
بند کمروں سے ترے درد کے مارے نکلے

شاخ پر پنکھڑیاں ہوں کہ پلک پر آنسو
تیرے دامن کی جھلک دیکھ کے سارے نکلے

تو اگر پاس نہیں ہے کہیں موجود تو ہے
تیرے ہونے سے بڑے کام ہمارے نکلے

تیرے ہونٹوں مری آنکھوں سے نہ بدلی دنیا
پھر وہی پھول کھلے پھر وہی تارے نکلے

رہ گئی لاج مری عرض وفا کی مشتاق
خامشی سے تری کیا کیا نہ اشارے نکلے

رنگ کیا کیا نہ دکھانے آئے
یار پھر مجھ کو منانے آئے

قصر ویراں کے پرانے سپنے
جاگتی آنکھ سلانے آئے

سوئیں شاخوں سے لپٹ کر کرئیں
زرد پھولوں کے زمانے آئے

اب نہ کلیوں کے دریچوں میں صبا
بات کرنے کے بہانے آئے

ان مکینوں کو مکاں روتے ہیں
جو انھیں پھر نہ بسانے آئے

خالی ڈھنڈار پڑی ہے بستی
پھر کوئی آگ جلانے آئے

پھر نہیں ٹھور ٹھکانا اپنا
کیا خبر کون بلانے آئے

نین ساگر میں چلی رات کی ناؤ
کون اب پار لگانے آئے

نہ ملی جوہرِ بے زخم کی داد
ہم بہر رنگ دکھانے آئے

کوئی لے جس سے ستارے شق ہوں
دل کو خوابوں سے جگانے آئے

کھل گیا راز تمنا مشتاق
ہمیں آنسو نہ بہانے آئے

چھوڑ آتی ہے کہاں ان کو ستم گر چاندنی
جو اتر آتے تھے دل میں ساتھ لے کر چاندنی

بھیجنے والے انہی خاموش مہمانوں کو بھیج
تو برابر بھیجتا رہتا تھا جن پر چاندنی

جن پہ بچھتی تھی کبھی گہرے خنک سایوں کی سیج
ان منڈیروں سے لپٹ جاتی ہے اکثر چاندنی

دل میں اٹھتا ہے انہی لمحوں کی آوازوں کا شور
جن کی خدمت میں رہا کرتی تھی اکثر چاندنی

پہلے در آتی تھی جب بستی میں آتا تھا کوئی
اب کھڑی رہتی ہے دروازوں کے باہر چاندنی

جب کھلی آنکھوں میں رکتے ہیں ہوا کے قافلے
جاگتی مٹی پہ سو لیتی ہے دم بھر چاندنی

یہ تنہا رات یہ گہری فضائیں
اسے ڈھونڈیں کہ اس کو بھول جائیں

خیالوں کی گھنی خاموشیوں میں
گھلی جاتی ہیں لفظوں کی صدائیں

یہ رستے رہروؤں سے بھاگتے ہیں
یہاں چھپ چھپ کے چلتی ہیں ہوائیں

یہ پانی خامشی سے بہ رہا ہے
اسے دیکھیں کہ اس میں ڈوب جائیں

جو غم جلتے ہیں شعروں کی چتا میں
انھیں پھر اپنے سینے سے لگائیں

چلو ایسا مکاں آباد کر لیں
جہاں لوگوں کی آوازیں نہ آئیں

کہاں ڈھونڈیں اسے کیسے بلائیں
جہاں اپنی بھی آوازیں نہ آئیں

پرانا چاند ڈوبا جا رہا ہے
وہ اب کوئی نیا جادو جگائیں

اب ایسا ہی زمانہ آرہا ہے
عجب کیا وہ تو آئیں ہم نہ آئیں

ہوا چلتی ہے پچھلے موسموں کی
صدا آتی ہے ان کو بھول جائیں

بس اب لے دے کے ہے ترک تعلق
یہ نسخہ بھی کوئی دن آزمائیں

بہتا آنسو ایک جھلک میں کتنے روپ دکھائے گا
آنکھ سے ہو کر گال بھگو کر مٹی میں مل جائے گا

بھولنے والے وقت کے ایوانوں میں کون ٹھہرتا ہے
بیتی شام کے دروازے پر کس کو بلانے آئے گا

آنکھ مچولی کھیل رہا ہے اک بدلی سے اک تارا
پھر بدلی کی یورش ہوگی پھر تارا چھپ جائے گا

اندھیارے کے گھور نگر میں ایک کرن آباد ہوئی
کس کو خبر ہے پہلا جھونکا کتنے پھول کھلائے گا

پھر اک لمحہ آن رکا ہے وقت کے سونے صحرا میں
پل بھر اپنی چھب دکھلا کر لمحوں میں مل جائے گا

منھ دیکھے کی ساری باتیں روٹھو گے کہ مناؤ گے
دل کو کیسے رام کرو گے کون سا رنگ دکھاؤ گے

کتنی خوشیاں ناچ رہی ہیں سانجھ سے کی اداسی میں
ڈال ڈال پہ تھرکتے پتو ہنس ہنس کر مرجھاؤ گے

جاگتی آنکھوں صبح کے سپنے ڈوب چلے اندھیاروں میں
کب تک جھوٹی تعبیروں سے اپنا من بہلاؤ گے

میں تھک ہار چکا ہوں مجھ میں اتنی سکت کب باقی ہے
کچھ تو بتاؤ اڑتے پتو اور کہاں لے جاؤ گے

شاید تم کو ڈھونڈھنے نکلیں جی کی اداسی زور کرے
جانے والو کن راہوں پر پھول گراتے جاؤ گے

دل میں چھپن سی رہتی ہے مشتاق تو کوئی غزل لکھو
کب تک اوروں کے شعروں کو اپنے شعر بناؤ گے

کس کی تلاش میں چلے عشق کے خانماں خراب
چشم تمام تیرگی زخم تمام ماہتاب

سر پہ مثال آسماں چادرِ غم تنی ہوئی
زیرِ قدم بچھا ہوا حسن کا دشت بے سراب

خامشیاں دمن دمن روشنیاں چمن چمن
یاد کے اپنے مشرقین شوق کے اپنے آفتاب

میں مرے ہم نشیں تمام نکتہ سرائے بزم عام
تیرے حریم خاص میں کوئی نہیں ہے باریاب

برگ کہیں شجر کہیں شاخ کہیں ثمر کہیں
آج ورق ورق ملی عہد بہار کی کتاب

کس کی نگاہ کھا گئی کون ہوا اڑا گئی
خواب کی ٹہنیوں کے پھول، پھول کی ٹہنیوں کے خواب

پرچم صبح کی اڑان گرم دلوں کی آرزو
زرد لبوں کی جستجو ایک دعائے مستجاب

دور خزاں کی صبح سے بھید ملے بہار کے
جبر کی رات میں کھلے دن مرے اختیار کے

اب کہیں آسمان پر رنگ نہیں صفا نہیں
آنکھ پہ میل آگیا شہر میں دن گذار کے

ہم کہیں کھو گئے وہیں تیری گلی کے آس پاس
اپنے گھروں کو چل دیئے لوگ تجھے پکار کے

دیکھ کے زرد رو پہاڑ ساری تکان اتر گئی
کون زمیں پہ رکھ گیا بار سفر اتار کے

رات ڈراؤنی سہی رو نہیں غم زدہ نہ ہو
میں ترے ساتھ ساتھ ہوں دیکھ مجھے پکار کے

صبح ہوئی تو سارا گھر روشنیوں سے بھر گیا
رنگ بکھر بکھر گئے گیسوئے تابدار کے

اب کوئی اور بھی تو ہو وجہ بحالی جنوں
بیٹھ گئی بہار کیوں دامن گل پسار کے

منظر صبح دکھانے اسے لایا نہ گیا
آتی جاتی رہیں شامیں کوئی آیا نہ گیا

رات بستر پہ کھلے چاند میں سوتا تھا کوئی
میں نے چاہا کہ جگاؤں تو جگایا نہ گیا

ایک مدت اسے دیکھا اسے چاہا لیکن
وہ کبھی پاس سے گذرا تو بلایا نہ گیا

گھیرے رہتی تھیں اسے ایک جہاں کی نظریں
پھر جو دیکھا تو وہ اس آن میں پایا نہ گیا

سر اٹھاتے ہی کڑی دھوپ کی یلغار ہوئی
دو قدم بھی کسی دیوار کا سایہ نہ گیا

تھا مقرر کہ ملاقات رہے گی اس سے
وہ تو پہنچا تھا مگر مجھ سے ہی آیا نہ گیا

کل یہی رات تھی نیند آئی تھی حسب معمول
اب وہی رات کھڑی ہے شب ہجراں بن کر

کہیں پتی کہیں کانٹا کہیں شاخیں کہیں پھول
وہ مرے سامنے آتا ہے گلستاں بن کر

جب سر راہ تجھے پہلے پہل دیکھا تھا
چاندنی ساتھ لگی تھی ترا داماں بن کر

اجنبی جسم کے ساحل کے سنہرے ذرے
کبھی چمکیں گے تری مانگ میں افشاں بن کر

جو شب و روز کی محنت سے سرانجام نہ ہوں
ہم نے وہ کام سنوارے ہیں تن آساں بن کر

وہی باتیں جنھیں اب سوچ کے ہنس دیتا ہوں
ہو نہ جائیں کہیں ظاہر غم پنہاں بن کر

آنکھیں تو نہ مانیں گی آنکھوں کو تو بہنا ہے
اب دل سے الجھنا ہے ان سے نہیں کہنا ہے

ویران درختوں کی ٹوٹی ہوئی بانہوں سے
اب کچھ بھی نہیں کہنا بس دیکھتے رہنا ہے

ہر ظلم سہا جائے خاموش رہا جائے
کچھ بھی نہ کہا جائے یہ بھی تو الہنا ہے

ڈوبی ہوئی آوازیں ٹوٹے ہوئے سناٹے
یہ سب مری باتیں ہیں یہ سب مرا کہنا ہے

یہ کہہ کے پہاڑوں سے منھ موڑ گئے دریا
اب اپنے مقدر میں میدان کا بہنا ہے

ترانۂ غم دل قصۂ شب محزوں
سنے تو کون سنے اور کہوں تو کس سے کہوں

بڑے گلاب کی شاخیں پسند ہیں مجھ کو
مرا نصیب یہی ہے کہ دور سے دیکھوں

زمیں کی پیاس مرے آنسوؤں سے بجھتی ہے
مگر یہ بات کھڑے بادلوں سے کیسے کہوں

یہ زرد شاخ مجھے کیوں اجاڑ دیتی ہے
اگر برا نہ مناؤ تو اس سے پوچھ ہی لوں

مرا وجود تو جب ہے کہ تم بھی ہو موجود
اب اپنے آپ سے باتیں کروں کہ تم سے کروں

روشنی گو مرے سخن میں نہیں
دل میں جو چاند ہے گہن میں نہیں

چاک سب بند ہیں گریباں کے
دل کا اک تار پیرہن میں نہیں

ریت میں دب کے مر گیا ہوگا
اب وہ آہو کسی ختن میں نہیں

ہونٹ کا چاند نین کا تارا
میری تنہائیوں کے بن میں نہیں

رنگ و نکہت ہوا کے ساتھی ہیں
پھول کا آشیاں کرن میں نہیں

آنکھ اٹھاتا ہوں تو ہٹ جاتے ہیں
دن ترے دھیان میں کٹ جاتے ہیں

ابر اندیشہ بکھرتا ہی نہیں
اور بادل ہیں جو چھٹ جاتے ہیں

کسی بے نام ہوا کے جھونکے
درد کی تان پلٹ جاتے ہیں

زلزلے ہیں کہ تمہاری یادیں
دھیان کے شہر الٹ جاتے ہیں

ذائقے بن کے پرانے موسم
میرے تالو سے چمٹ جاتے ہیں

کون منزل کا سفر ہے درپیش
راستے راہ سے ہٹ جاتے ہیں

ہاتھ کاغذ پہ دھرے بیٹھا ہوں
شعر آ آ کے پلٹ جاتے ہیں

جلتے جلتے ہنسے پتنگے
روئیں بے اختیار شمعیں

خالی کمروں میں پھر رہا ہوں
بجھ جاتی ہیں بار بار شمعیں

آنکھیں پگھلا کے سو گئی ہیں
تھیں رونق انتظار شمعیں

میں کون ہوا سے لڑنے والا
لیکن سر رہگذار شمعیں

رستے سب بند ہو گئے ہیں
جلتی ہیں پس غبار شمعیں

ساحل کی ہوا میں لڑکھڑائیں
ٹھہری ہوئی بے کنار شمعیں

لکھ لو ابھی روشنی ہے مشتاق
جلتی نہیں بار بار شمعیں

مرے خوابوں میں کب زلفوں کو بکھرا کر نہیں آیا
وہ پیکر جو کسی دروازے سے باہر نہیں آیا

کسے معلوم جس کے واسطے محفل سجائی تھی
وہ کیوں دہلیز تک آیا تھا کیوں اندر نہیں آیا

ابھی بیٹھے رہیں اس شمع رو کی انجمن والے
ابھی آوازۂ دریا ئے خاکستر نہیں آیا

میں اس مٹی کا ذرہ ہوں جو صحرا پر نہیں برسی
میں اس بادل کا ٹکڑا ہوں جو دریا پر نہیں آیا

میں اس آنسو کو روتا ہوں جو مژگاں تک نہیں پہنچا

جو مژگاں تک اگر پہنچا تو دامن پر نہیں آیا

رلاتی ہیں مجھے اس کے جواں لفظوں کی فریادیں

جو الہامی صحیفہ تھا مگر مجھ پر نہیں آیا

چاند اس گھر کے دریچوں کے برابر آیا
دل مشتاق ٹھہر جا وہی منظر آیا

میں بہت خوش تھا کڑی دھوپ کے سناٹے میں
کیوں تری یاد کا بادل مرے سر پر آیا

بجھ گئی رونق پروانہ تو محفل چمکی
سو گئے اہل تمنا تو ستم گر آیا

یار سب جمع ہوئے رات کی خاموشی میں
کوئی رو کر تو کوئی بال بنا کر آیا

ٹوٹا ہے کلی کلی کا خمار
چلی پھولوں کی وادیوں سے بہار

اپنی دھن میں گذر گیا کوئی
اور کھلے رہ گئے دلوں کے دوار

کوئی ڈھونڈو کوئی سراغ لگاؤ
انہی پتوں میں چھپ گئی ہے بہار

کتنے عالم ورائے عالم ہیں
کبھی دیکھو نگاہ کے اس پار

سن اے ہر قدم پر ٹھہر جانے والے
یہ سب قافلے ہیں گذر جانے والے

جہاں سوکھتی گھاس بکھری پڑی ہے
یہ تختے تھے پھولوں سے بھر جانے والے

کہاں گم ہوئے وقت کی وسعتوں میں
چڑھے پانیوں میں اتر جانے والے

گھنی تیرگی میں بھٹکتے پھریں گے
گھروں میں سر شام ڈر جانے والے

جنہیں لکھ کے مشتاق پچھتا رہے ہو
وہی شعر ہیں کام کر جانے والے

شاخ سے دور شاخسار سے دور
پھول کھلتے رہے بہار سے دور

اجنبی رہزنوں نے لوٹ لئے
کچھ مسافر ترے دیار سے دور

ان گنت قافلے گذرتے رہے
منزل غم کی رہگذار سے دور

کیا خبر کتنے دل تڑپتے رہے
کاہش وصل و انتظار سے دور

دل نے کچھ بستیاں بسائی ہیں
شہر سے دور شہر یار سے دور

لئے جاتا ہے کاروان خیال
عالم جبر و اختیار سے دور

اداس کر کے دریچے نئے مکانوں کے
ستارے ڈوب گئے سبز آسمانوں کے

گئی وہ شب جو کبھی ختم ہی نہ ہوتی تھی
ہوائیں لے گئیں اوراق داستانوں کے

ہر آن برق چمکتی ہے دل دھڑکتا ہے
مری قمیص پہ تنکے ہیں آشیانوں کے

ترے سکوت سے وہ راز بھی ہوئے افشا
کہ جن کو کان ترستے تھے راز دانوں کے

یہ بات تو جرس شوق کو بھی ہے معلوم
قدم اٹھیں گے تو بس تیرے ناتوانوں کے

کوئی اپنی دھن میں گذر جائے گا
کوئی چلتے چلتے ٹھہر جائے گا

بڑے چاند کی آخری رات ہے
وہ دفتر سے نکلا تو گھر جائے گا

پون بین باجی درختوں سے دور
وہ رستے میں ہوگا تو ڈر جائے گا

انوکھی چمک اس کے چہرے پہ تھی
مجھے کیا خبر تھی کہ مر جائے گا

جو امڈے ہیں آنسو تو رو کیوں نہ لیں
چلو بوجھ سر سے اتر جائے گا

بھٹک نہ جائیں کہیں رہروان راہ وفا
کہ اس سفر میں کوئی قافلہ نہیں ملتا

لبوں پہ گیت، نگاہوں میں روشنی کی جھلک
مگر دلوں میں گھنے جنگلوں کا سناٹا

سلگ رہی ہے دلوں میں کسی کے درد کی آگ
یہ زرد چاند، یہ پچھلے پہر کی نرم ہوا

بہت دنوں سے ہے سنسان رہگذار حیات
نہ کوئی خاک بسر ہے نہ کوئی آبلہ پا

طلسمِ خامشی رہگذر کو توڑتی ہے
کسی کی چاپ سے پتوں کے ٹوٹنے کی صدا

ترے وصال کے لمحے عجب طرح گذرے
نظر خموش دلوں میں قیامتیں برپا

بہت عجیب ہے افسانۂ دلِ مشتاق
کہ یہ دیار اجڑ بھی گیا بسا بھی رہا

پوچھتے ہیں کہ مری بے خبری کیسی ہے
پوچھنے والوں کی بے بال و پری کیسی ہے

دل بدستور ہے آئینۂ ایام جمال
تو بتا تیری پریشان نظری کیسی ہے

میں تو پھرتا ہوں کہ مل جائے ٹھکانا کوئی
تو جو نکلا ہے تری دربدری کیسی ہے

میں تو جاؤں گا جہاں تو مجھے ملنے آئے
میرے ہمراہ تری ہمسفری کیسی ہے

کوئی موسم ہو گریباں نہیں چھپنے پاتے
گردش قسمت آشفتہ سری کیسی ہے

آنکھ کھلتی ہے تو دل ڈوبنے لگ جاتا ہے
آج تاثیر ہوائے سحری کیسی ہے

کوئی موجود نہیں اور کھلی ہیں آنکھیں
مرنے والے کی یہ دریوزہ گری کیسی ہے

کہوں کس سے رات کا ماجرا نئے منظروں پہ نگاہ تھی
نہ کسی کا دامن چاک تھا نہ کسی کی طرف کلاہ تھی

کئی چاند تھے سر آسماں کہ چمک چمک کے پلٹ گئے
نہ لہو مرے ہی جگر میں تھا نہ تمھاری زلف سیاہ تھی

دل کم الم پہ وہ کیفیت کہ ٹھہر سکے نہ گذر سکے
نہ حضر ہی راحت روح تھا نہ سفر میں رامش راہ تھی

مرے چار دانگ تھی جلوہ گر وہی لذت طلب سحر
مگر اک امید شکستہ پر کہ مثال درد سیاہ تھی

وہ جو رات مجھ کو بڑے ادب سے سلام کر کے چلا گیا
اسے کیا خبر مرے دل میں بھی کبھی آرزوے گناہ تھی

ابھی جن کے دم قدم سے مرے رت جگے ہیں روشن
کہیں دل میں بجھ نہ جائیں وہی طلعتیں پرانی

نئے پیار کے اندھیرے مجھے کیا ڈرا سکیں گے
مرا دل بڑھا رہی ہیں مری چاہتیں پرانی

نئی زندگی نے مجھ کو نئے غم عطا کئے ہیں
مجھے کیا سنا رہے ہو یہ حکایتیں پرانی

مرے دل کے گلبنوں سے وہ سے اکھڑ چلے ہیں
جنہیں پا کے گھومتی تھیں وہ صبا حتیں پرانی

نہ رتیں بدل رہی ہیں نہ فنا میں ڈھل رہی ہیں
مرے ساتھ چل رہی ہیں وہی عادتیں پرانی

ترے چھوٹے چھوٹے فقرے مرے ننھے ننھے آنسو
نہ طبیعتیں پرانی، نہ محبتیں پرانی

مرے بولنے کا موسم نہ قریب آرہا ہو
کہیں دل میں گونجتی ہیں وہ سماعتیں پرانی

میں وہ نہیں جو کلبۂ احزاں میں بند ہے
تو وہ نہیں جو ہے سرِ محفل گھرا ہوا

دریا کا پیچ و تاب بھنور کا اسیر ہے
زنجیرِ عافیت میں ہے ساحل گھرا ہوا

رستوں کے موڑ پاؤں کو زنجیر ہو گئے
چلتا رہا ہوں جانب منزل گھرا ہوا

گزری ہے آج یوں مرے دل سے کسی کی یاد
جیسے غبار میں کوئی محمل گھرا ہوا

چھائی ہوئی ہے غم کی گھٹا کائنات پر
کیا وقت آ پڑا ہے حیات و ممات پر

کیوں تیرے حال سے مری آنکھیں نہ ہو اداس
ہوتا ہے موسموں کا اثر پات پات پر

شاید پھر اپنے کام انھیں یاد آ گئے
ہوتے تھے جو فدا تری اک ایک بات پر

دیکھا تجھے تو بھول گئے اے نگاہ یار
جو کچھ پڑھا تھا قلب کی اس واردات پر

بس اتنا یاد ہے کسی محفل کا ذکر تھا
تم مسکرا دیئے تھے مری ایک بات پر

مشتاق جن کو دیکھ کے ہنس چھوڑتے ہو تم
رویا کریں گے لوگ انھیں واقعات پر

تاروں سے پرے نکلنے والے
دم توڑ گئے چلا چلی میں

چونک اٹھتے ہیں اونگھتے درپچے
وہ شور نہیں رہا گلی میں

شاید چمکیں مرے مقدر
پھرتا ہے لہو کلی کلی میں

لے کے ہمراہ چھلکتے ہوئے پیمانے کو
آن پہنچی ہے یہ ساعت بھی گذر جانے کو

ہاں اسے رہگذر خندۂ گل کہتے ہیں
ہاں یہی راہ نکل جاتی ہے ویرانے کو

فائدہ بھی کوئی جل جل کے مرے جانے سے
کون اس شمع سے روشن کرے پروانے کو

سنگ اٹھانا تو بڑی بات ہے اب شہر کے لوگ
آنکھ اٹھا کر بھی نہیں دیکھتے دیوانے کو

کل بھی دیکھا تھا انھیں آج بھی درشن ہوں گے
حسب معمول وہ نکلیں گے ہوا کھانے کو

مسلسل یاد آتی ہے چمک چشم غزالاں کی
اکیلی ذات ہے اور رات ہے جنگل بیاباں کی

ذرا دیکھو ہواے صبح کیسے کھینچ لائی ہے
اکیلی پنکھڑی میں دلکشی سارے گلستاں کی

انہی گلیوں میں کھلتے تھے ملاقاتوں کے دروازے
انہی گلیوں میں چلتی ہیں ہوائیں شام ہجراں کی

کوئی ذرے کو ذرہ ہی سمجھ کر چھوڑ دیتا ہے
کسی کو سوجھتی ہے اس سے تعمیر بیاباں کی

یہ وہ موسم ہے جس میں کوئی پتہ بھی نہیں ہلتا
دل تنہا اٹھاتا ہے صعوبت شامِ ہجراں کی

یہی کافی ہے دل سے مدتوں کا بوجھ تو اترا
چلو اس چشم گریاں نے کوئی مشکل تو آساں کی

ستارے درد کی آواز سے غافل نہیں رہتے
دمِ آہو سے روشن مشعلیں ریگِ بیاباں کی

کہو کیسے اب سناؤں تمہیں نغمہٴ جدائی
کوئی لے گیا اٹھا کر میرا ساز بے نوائی

قسم ان محبتوں کی جنہیں تم بھلا چکی ہو
ابھی دن ڈھلا نہیں تھا کہ تمہاری یاد آئی

کہو کوئی ایک پل میں اسے کیسے بھول جائے
جو نظر سے چھپ گئے پر دیا دور تک دکھائی

مرے ہمسفر بتائیں یہ مقام شوق کیا ہے
نہ اوائل جدائی نہ طلوع آشنائی

مرے چار سو مہک ہے مرے اولیں لہو کی
مجھے پھر بلا رہا ہے وہی دشت دلربائی

اسی دشت میں جلے تھے مری خواہشوں کے خیمے
اسی راہ میں لُٹے گی مری یاد کی کمائی

دل اندر سے کچھ کہتا تھا
باہر کچھ کرتا رہتا تھا

خوشی ہمیں کو راس نہ آئی
پیارے تو سچ ہی کہتا تھا

جس رستے سے ابھی گذرے ہیں
پہلے یہاں دریا بہتا تھا

برے کام کا انت برا ہے
میں تو پہلے ہی کہتا تھا

ہجر میں طور ہی اور تھا میرا
روتا تھا اور خوش رہتا تھا

آخر تمام داغ مٹے زخم بھر گئے
باتیں کسی کی یاد رہیں دن گذر گئے

کس کو خبر طلب کی اندھیری رتوں سے دور
غم کے سفید پھول کھلے اور بکھر گئے

گوشوں میں دل کے اب کوئی خواہش نہیں رہی
ان ٹہنیوں سے سارے پرندے اتر گئے

جو ساحل مراد کے لمبے سفر پہ تھے
بول اے ہوائے غم وہ سفینے کدھر گئے

اپنی نظر کو اور مناظر بھی تھے پسند
ہم رفتہ رفتہ اس کی گلی سے گذر گئے

وہ میرے ہمسفیر تو تھے ہم سفر نہ تھے
جو تھوڑی دور ساتھ چلے پھر بکھر گئے

اک تہمت ستم بھی اٹھانے نہ دی اسے
کیا لوگ تھے کہ ایک ہی دھمکی میں مر گئے

اک پھول میرے پاس تھا اک شمع میرے ساتھ تھی

باہر خزاں کا زور تھا اندر اندھیری رات تھی

ایسے پریشاں تو نہ تھے ٹوٹے ہوئے سناٹے

جب عشق کی تیرے مرے غم پر بسر اوقات تھی

کچھ تم کہو تم نے کہاں کیسے گذارے روز و شب

اپنے نہ ملنے کا سبب تو گردش حالات تھی

اک خامشی تھی تر بتر دیوار مژگاں سے ادھر

پہنچا ہوا پیغام تھا برسی ہوئی برسات تھی

سب پھول دروازوں میں تھے سب رنگ آوازوں میں تھے

اک شہر دیکھا تھا کبھی اس شہر کی کیا بات تھی

یہ ہیں نئے لوگوں کے گھر سچ ہے اب ان کو کیا خبر

دل بھی کسی کا نام تھا غم بھی کسی کی ذات تھی

یک جہتی جنوں سے گریزاں ہے آج بھی
شیرازۂ خیال پریشاں ہے آج بھی

آتے ہیں اب بھی طشت تمنا میں لخت دل
خون جگر قیامت مژگاں ہے آج بھی

کھینچے پھرے ہے نوحۂ زنجیر بے صدا
عزم شکستن در زنداں ہے آج بھی

خلعت طلب ہے شعبدہ آرائی سخن
چشم خیال آئینہ ساماں ہے آج بھی

سونے پڑے تھے کل بھی تحیر کے راستے
ویرانی نگاہ پریشاں ہے آج بھی

دھیمی ہے مسافروں کی رفتار

کھلنے لگے راستوں کے اسرار

کس نے پھینکی کمند آواز

گرنے لگے خامشی کے مینار

پھر ایک صدا کی وسعتوں میں

گونجے گا سکوت شام کہسار

کروٹ نہ بدل سکیں گے پتے

حائل ہوگی ہوا کی دیوار

پھر پچھلے پہر کی چاندنی میں

ہو جائیں گے کتنے درد بیدار

اٹھیں گی سمندروں سے موجیں
گر جائیں گے روشنی کے مینار

بہ جائے گی آنکھ کی سیاہی
آرام نہ پا سکے گا بیمار

پھر کچھ نہ رہے گا دشت دل میں
خوشیوں کی فغاں نہ غم کی للکار

مارا مجھے غم کی سختیوں نے
میں نرمیٔ صبح کا پرستار

تنہائیوں میں نغمہ سرا ہوگیا کوئی
مجلس گران شب کی نوا ہوا گیا کوئی

لو مٹ گئے تصور جاناں کے فاصلے
لو رشتہء نظر سے جدا ہوگیا کوئی

لو کاٹ لی کسی نے شب مژدہء وصال
شائستہء فریب وفا ہوگیا کوئی

یاد آگئے فسون تمنا کے شعبدے
بیتے ہوئے دنوں کی صدا ہوگیا کوئی

مندنے لگی جب آنکھ ہوائے بہار کی
لے منھ پہ چاندنی کی ردا سو گیا کوئی

آنکھیں بھی کھلی ہیں اس ہوا میں
پتے بھی کہیں کہیں ملے ہیں

یوں دیکھ رہا ہے پھول کو پھول
جیسے کوئی اجنبی ملے ہیں

قربت ہے تمام شوق تصویر
مٹتے ہوئے رنگ فاصلے ہیں

سونے جنگل دمک اٹھیں گے
وہ پھول ابھی کہاں کھلے ہیں

نہ باقی رہا کچھ نشانِ بہار
ہوا پتہ پتہ اڑا لے گئی

کسی بولتی آنکھ کی بے رخی
سکوتِ سخن آشنا لے گئی

جلی ٹہنیاں زرد پتوں کے ڈھیر
خزاں سب خزانے چھپا لے گئی

مرے آنسوؤں کی جھلک جس میں تھی
وہ مٹی کدھر کی ہوا لے گئی

تقدیس سحر تھی کہ نواے دل شب تھی
وہ تم سے بچھڑ جانے کی ساعت بھی عجب تھی

کچھ سوچ کے وہ آپ ہی چہرے کا کھل اٹھنا
وہ ایک کرن روزن دیوار تعب تھی

کچھ درد بھی تھا دل کے کناروں سے بہت دور
کچھ ہم سخنی سایۂ انفاس طرب تھی

وہ ایک ملاقات کہ پھر تم نہیں آئے
وہ خامشی چشم نہ تھی جنبش لب تھی

نت نئے منظر دکھاتا ہے ان آنکھوں کا بناؤ

پاس آ دیکھو تو ساگر دور سے دیکھو تو ناؤ

کس قدر شفاف ہوتی ہیں دلوں کی چادریں

آرزوؤں کی سیاہی کی جھلک ان کو دکھاؤ

اب چمکتی ریت کے ٹیلے ہوا کی یورشیں

اب نہ وہ نیندوں کے سکھ ساگر نہ وہ خوابوں کی ناؤ

اب کھلے سورج کی گرمی دل کا دکھ محفل کی بات

اب دنوں کے سرد ویرانوں میں یادوں کے الاؤ

تم جو تارے توڑ لاتے تھے فراز چرخ سے
تم میں ہمت ہے کسی ڈوبے ہوئے دن کو بلاؤ

چپکے چپکے یوں گذرتی ہے گئے لمحوں کی یاد
چاندنی راتوں میں جیسے سست دریا کا بہاؤ

کیا مسافر ہیں کہ جن سے بھاگتے ہیں راستے
اور آواز جرس کہتی ہے میرے پاس آؤ

گردش شام و سحر دن کوئی ایسا نکلے
وہ مرے ساتھ ہو اور صبح کا تارا نکلے

چھپ گیا چاند کھلی زلف کی خوشبو لے کر
اب چلی آؤ کہ آنکھوں سے اندھیرا نکلے

کھو گیا ہوں تری یادوں کے گھنے جنگل میں
کیا عجب ہے جو یہیں سے کوئی رستہ نکلے

اک مدت سے سرِ راہ کھڑا ہوں مشتاق
اس توقع پہ کہ شاید کوئی تجھ سا نکلے

زلف دیکھی وہ دھواں دھار وہ چہرہ دیکھا
سچ بتا دیکھنے والے اسے کیسا دیکھا

رات ساری کسی ٹوٹی ہوئی کشتی میں کٹی
آنکھ بستر پہ کھلی خواب میں دریا دیکھا

زرد گلیوں میں کھلے سبز دریچے جن میں
دھوپ لیٹی رہی اور سائے کو چلتا دیکھا

کالے کمروں میں کٹی ساری جوانی اس کی
جس نے اے خواب محبت ترا رستہ دیکھا

سنتے رہتے تھے کہ یوں ہوگا وہ ایسا ہوگا
لیکن اس کو تو کسی اور طرح کا دیکھا

نکلے تھے کسی مکان سے ہم
روٹھے رہے اک جہان سے ہم

بدنامیاں دل سے آنکھ تک تھیں
رسوا نہ ہوئے زبان سے ہم

ہے تنگ جہان بود و نابود
اترے ہیں کس آسمان سے ہم

پھولوں میں بکھر گئے تھے رستے
گذرے نہیں درمیان سے ہم

جو شان تھی ملتے وقت مشتاق
بچھڑے اسی آن بان سے ہم

کیا صبا ڈھونڈھتی پھرتی ہے پریشاں خالی
روزن گل سے ہے دیوار گلستاں خالی

شفق چشم بھی ہے شامل غم ہائے بہار
سرخیِ شام نہیں خونِ شہیداں خالی

اب میسر ہی نہیں وسعتِ صحرا کا خمار
نشۂ ریگ سے ہے چشمِ غزالاں خالی

وحدتِ دشت رہے جس کی چمک سے قائم
ایسے گوہر سے رہی خاکِ بدخشاں خالی

آخر شب کوئی دیکھے تو دلہن کی صورت
مانگ افشاں سے بھری مانگ سے افشاں خالی

سفر شب سے جو لوٹا تو کہیں پھول ملے
رات بھر چاند سے تھا چاند کا داماں خالی

ساتھ شبنم کے رو گئے ہم بھی
پتیاں کچھ بھگو گئے ہم بھی

ہوگئی شام راہ لامحدود
کسی جنگل میں کھو گئے ہم بھی

دور تھا ڈوبتا ہوا سورج
ہم سوچا کہ لو گئے ہم بھی

دیر تک گھومتے رہے آخر
سوئے پھولوں میں سو گئے ہم بھی

بوئے گل لے کے جب صبا نکلی
ساتھ چپکے سے ہو گئے ہم بھی

ادا و ناز کو انداز دلبرانہ سمجھ
مگر جفا کو جفا ہی سمجھ وفا نہ سمجھ

بدل بھی سکتی ہے اک آن میں رضا ہی تو ہے
رضائے دوست کو تقدیر کا لکھا نہ سمجھ

کسی کا چاند سا چہرہ اگر نگاہ میں ہے
تو اس کو چاند ہی گردان چاند سا نہ سمجھ

نئے شگوفے انھیں ٹہنیوں سے پھوٹیں گے
جو ٹوٹتے ہیں انھیں شاخ سے جدا نہ سمجھ

انھیں سے نغمۂ فصل بہار ابھرے گا
ملے دلے ہوئے پھولوں کو بے نوا نہ سمجھ

میں لہو کی بوند مژگاں پر لئے پھرتا رہا
خلوتوں کی چیز کو باہر لئے پھرتا رہا

صبح کی دیوار کے سائے میں تھک کر سو گئے
چاند جن کو شہر میں شب بھر لئے پھرتا رہا

میں طلب کے اجنبی رستوں پہ پھیلی دھوپ میں
سر پہ تیرے درد کی چادر لئے پھرتا رہا

تم کہیں گھٹنوں پہ سر رکھے ہوئے بیٹھے رہے
میں کہیں آنکھوں میں خاکستر لئے پھرتا رہا

تم کہو کیا تھا تمھاری کم نمائی کا سبب
مجھ کو تو یہ پاؤں کا چکر لئے پھرتا رہا

ہمسفر سارے پرانے راستوں پر آگئے
میں نگاہوں میں نئے منظر لئے پھرتا رہا

دلوں کی اور دھواں سا دکھائی دیتا ہے
یہ شہر تو مجھے جلتا دکھائی دیتا ہے

جہاں کہ داغ ہے یاں آگے درد رہتا تھا
مگر یہ داغ بھی جاتا دکھائی دیتا ہے

پکارتی ہیں بھرے شہر کی گذرگاہیں
وہ روز شام کو تنہا دکھائی دیتا ہے

یہ لوگ ٹوٹی ہوئی کشتیوں میں سوتے ہیں
مرے مکان سے دریا دکھائی دیتا ہے

خزاں کے زرد دنوں کی سیاہ راتوں میں
کسی کا پھول سا چہرہ دکھائی دیتا ہے

کہیں ملے وہ سرِ راہ تو لپٹ جائیں
بس اب تو ایک ہی رستہ دکھائی دیتا ہے

اب کے اس باغ میں وہ رنگ خزاں دیکھو گے

نہ اڑے گا کوئی شعلہ نہ دھواں دیکھو گے

اب جو اوروں پہ چمکتا ہے تو چپ رہتے ہو

اسی خنجر کو قریب رگِ جاں دیکھو گے

جیسے ممکن ہو بچا لو یہ اجڑتے ہوئے شہر

پھر نہ یہ رنگ نہ چہرے نہ مکاں دیکھو گے

جانے والو چمن دل کی زیارت کر لو

اب کے لوٹو گے تو کچھ بھی نہ یہاں دیکھو گے

دیدنی ہے شفق شامِ الم کا منظر

پھر یہ بجھتے ہوئے چہرے بھی کہاں دیکھو گے

ہر لمحہ ظلمتوں کی خدائی کا وقت ہے
شاید کسی کی چہرہ نمائی کا وقت ہے

کہتی ہے ساحلوں سے یہ جاتے سمے کی دھوپ
ہشیار ندیوں کی چڑھائی کا وقت ہے

ہوتی ہے شام آنکھ سے آنسو رواں ہوئے
یہ وقت قیدیوں کی رہائی کا وقت ہے

کوئی بھی وقت ہو کبھی ہوتا نہیں جدا
کتنا عزیز اس کی جدائی کا وقت ہے

دل نے کہا کہ شامِ شبِ وصل سے نہ بھاگ
اب پک چکی ہے فصل کٹائی کا وقت ہے

میں نے کہا کہ دیکھ یہ میں یہ ہوا یہ رات
اس نے کہا کہ میری پڑھائی وقت ہے

خواب کے پھولوں کی تعبیریں کہانی ہوگئیں
خون ٹھنڈا پڑگیا آنکھیں پرانی ہوگئیں

جس کا چہرہ تھا چمکتے موسموں کی آرزو
اس کی تصویریں بھی اوراق خزانی ہوگئیں

دل بھر آیا کاغذ خالی کی صورت دیکھ کر
جن کو لکھنا تھا وہ سب باتیں زبانی ہوگئیں

جو مقدر تھا اسے تو روکنا بس میں نہ تھا
ان کیا کرتے جو باتیں ناگہانی ہوگئیں

رہ گیا مشتاق دل میں رنگ یاد رفتگاں
پھول مہنگے ہوگئے قبریں پرانی ہوگئیں

دل میں شور برابر ہے
کون اس گھر کے اندر ہے

عشق میں کوئی وقت نہیں
دن اور رات برابر ہے

دل پر کوئی بوجھ نہیں
یعنی آپ ہی پتھر ہے

باہر خوب ہنسو بولو
رونے دھونے کو گھر ہے

دکھ کی مسلیں چار طرف
دل بھی میرا دفتر ہے

ترک عشق سے جی کا حال
پہلے سے کچھ بہتر ہے

ختم ہوا سب کاروبار
یادیں ہیں اور بستر ہے

تم ہو شاد نہ میں غمگیں
یہ موسم کا چکر ہے

ساحل سے پوچھو مشتاق
کتنی دور سمندر ہے

تم آئے ہو تمھیں بھی آزما کر دیکھ لیتا ہوں
تمھارے ساتھ بھی کچھ دور جا کر دیکھ لیتا ہوں

ہوائیں جن کی اندھی کھڑکیوں پر سر پٹکتی ہیں
میں ان کمروں میں پھر شمعیں جلا کر دیکھ لیتا ہوں

عجب کیا اس قرینے سے کوئی صورت نکل آئے
تری باتوں کو خوابوں سے ملا کر دیکھ لیتا ہوں

سحر دم کرچیاں ٹوٹے ہوئے خوابوں کی ملتی ہیں
تو بستر جھاڑ کر چادر ہٹا کر دیکھ لیتا ہوں

بہت دل کو دکھاتا ہے کبھی جب درد مہجوری
تری یادوں کی جانب مسکرا کر دیکھ لیتا ہوں

اڑا کر رنگ کچھ ہونٹوں سے کچھ آنکھوں سے کچھ دل سے
گئے لمحوں کو تصویریں بنا کر دیکھ لیتا ہوں

نہیں ہو تم بھی وہ اب مجھ سے یارو کیا چھپاؤ گے
ہوا کی سمت کو مٹی اڑا کر دیکھ لیتا ہوں

سنا ہے بے نیازی ہی علاج ناامیدی ہے
یہ نسخہ بھی کوئی دن آزما کر دیکھ لیتا ہوں

محبت مر گئی مشتاق لیکن تم نہ مانو گے
میں یہ افواہ بھی تم کو سنا کر دیکھ لیتا ہوں

ہاتھ سے ناپتا ہوں درد کی گہرائی کو
یہ نیا کھیل ملا ہے مری تنہائی کو

تھا جو سینے میں چراغ دل پہ خوں نہ رہا
چاہیے بیٹھ کے اب صبر و شکیبائی کو

دل افسردہ کسی طرح بہلتا ہی نہیں
کیا کریں آپ کی اس حوصلہ افزائی کو

خیر بدنام تو پہلے بھی بہت تھے لیکن
تجھ سے ملنا تھا کہ پر لگ گئے رسوائی کو

نگہِ ناز نہ ملتے ہوئے گھبرا ہم سے
ہم محبت نہیں کہنے کے شناسائی کو

دل ہے نیرنگیِ ایام پہ حیراں اب تک
اتنی سی بات بھی معلوم نہیں بھائی کو

وہ چلتی تو خیال وصل اس کے ساتھ چلتا تھا
نظر اُٹھتی کسی پر اور رنگ اس کا بدلتا تھا

وہ اُٹھتی تو ہوا اس کے کھلے بالوں میں چلتی تھی
کبھی بادل امڈتے تھے کبھی سورج نکلتا تھا

اسے کل راستے میں دیکھ کر حیرت ہوئی مجھ کو
یہی لو تھی کبھی جس سے چراغِ عشق جلتا تھا

خالی شاخیں بلا رہیں ہیں
پھولو آؤ کہاں گئے تم

ورق الٹ رہا ہوں مدتوں پرانی بات کے
جھڑی لگی ہوئی ہے اور دس بجے ہیں رات کے

نحیف کھڑکیوں سے دور کس ہوا کا شور ہے
کہ پھڑ پھڑا رہے ہیں پر پرانے واقعات کے

میں راستے میں کوئلوں کی راکھ دیکھتا رہا
اگرچہ دور بھی نہ تھے نشاں تری برات کے

نہیں کہ صبح تلک اس کی راہ تکتے رہو
اسے بھی یاد کرو آنکھ بھی جھپکتے رہو

عجب نہیں جو وہ نام و نشاں ہی بتلا دے
کبھی ملو بھی اسے دور سے نہ تکتے رہو

ستم گزیدو کوئی ہا و ہو کوئی فریاد
جو یہ نہیں ہے تو مرتے رہو سسکتے رہو

حیران ہوں سحر کے نظارے کو دیکھ کر
روتا ہے پھول صبح کے تارے کو دیکھ کر

کل دیکھنا کہ بحر فنا میں اتر گئے
چلتا ہے وقت جن کے اشارے کو دیکھ کر

خبر نہیں تری آنکھوں کے اس طرف کیا ہے
سمندروں کے کنارے نظر نہیں آتے

نکل کے دیکھ طلوع و غروب حسن کے رنگ
کہ روز روز یہ شام و سحر نہیں آتے

میں تجھے بھول نہ جاتا تو خزاں ہی رہتی

شاخ پر پھول تری یاد دلانے آیا

آخر اس کو مری آنکھوں کی کشش لے آئی

وہ کسی اور سے ملنے کے بہانے آیا

روئے تھے ہم پچھلے ساون میں
لمبی گھاس اگی آنگن میں

پھولو اس کا نام نہ پوچھو
کانٹے ہیں اپنے دامن میں

کیسے اس ہجر کی بستی میں گذارا ہوگا
پانی اچھا ہے یہاں کا نہ ہوا اچھی ہے

جیسی اس وقت ہے اس طرح کی تاریکی میں
شمع افسردہ بھی اے شعلہ نوا اچھی ہے

یہ مٹی جس پہ سورج ناچتا ہے
جنھیں معلوم ہے وہ چھانتے ہیں

یہ آبادی جہاں بادل نہ پانی
یہاں کچھ لوگ مجھ کو جانتے ہیں

اشعار

مند نے لگی جب آنکھ ہوائے بہار سے
لے منھ پہ چاندنی کی ردا سو گیا کوئی

خزاں کی یادیں بہار بن بھی گئیں تو اب چپ رہا کریں گے
بہت ہوا تو کوئی ہری شاخ دیکھ کر رو دیا کریں گے

آواز نہ زمزمہ نہ پرواز
چپ چاپ بھری بہار گذری

جو اپنے خشک لبوں سے گذر گئی چپ چاپ
اسی نوا سے دلوں کو گداز ہم نے کیا

دیدۂ نرم و دل گرم سے ہے جو کچھ ہے
شوقِ آوارگی و ذوقِ ادب کچھ بھی نہیں

فٹ پاتھ کی دیوار سے چمٹے ہوئے پتے
اک شام ہواؤں کو درختوں پہ ملے تھے

بس ہمیں چھاؤں درختوں کی بھلی لگتی ہے
بس یونہی گھومتے رہتے ہیں سبب کچھ بھی نہیں

مشتاق کسی کے روٹھنے کا
غم بھی ہے مگر خوشی بہت ہے

شفق کی عمارت میں سب لگ گیا
جوانی کے پہلے دنوں کا لہو

وہ کس خیال میں ان راستوں پہ شام ڈھلے
طلوعِ صبح سی گردن جھکا کے چلتا ہے

پھولوں کے ہاتھ دے کے زمینوں کا انتظام
تارے تمام لوٹ گئے شام کی طرف

بات تو جب ہے کہ دل کا رنگ بھی تبدیل ہو
پھول کھلنے سے نہ آتی ہے نہ جاتی ہے بہار

حویلی کی دیوار سونی سپید
مگر حرف دیوار لا   تقنطوا

اب راہ طلب اور بھی دشوار ہوئی ہے
اب سوچ سمجھ کر کوئی دیوانہ بنے گا

کوئی ہو معالج چشم نم مرے دل کا بوجھ اتار دے
مرے سارے کام بگاڑ دے مرا ایک کام سنوار دے

مجھے اب بھی یاد ہے خواب سا گل شامِ ہجر کھلا ہوا
کوئی ہے جو داغِ وصال سے مری آستیں کو جدا کرے

رہا ہے ناؤ کا تختہ نہ کوئی لہر کا رنگ
مگر وہ سبزۂ خود رو کنارِ دریا کا

کہاں اتنا دم کہ ہوا اے غم مرے سب چراغ بجھا سکے
کبھی کوئی پھول کھلا رہا کبھی کوئی شاخ ہری رہی

دوسرا مجموعۂ کلام

گردِ مہتاب

پہلی بار: فروری 1981

ناشر: حسن سلطان

مکتبۂ خیال، لاہور

مطبع: منظور پرنٹنگ پریس

فرخندہ، آفاق اور اعتزاز کے نام

نیند آتی نہیں تو صبح تلک
گردِ مہتاب کا سفر دیکھو

ناصر کاظمی

پیش لفظ

جب اس پری پیکر کے سامنے رہتے رہتے دن گذرے تو شہزادے کو خیال آیا کہ اس کا کچھ اتا پتا تو لینا چاہیے۔ پوچھا کہ اے مہ لقا کچھ بتا کہ تو کون ہے، تیرا نام کیا ہے۔ اس نے کہا کہ مت پوچھ، پچھتائے گا۔ اس نے کہا ضرور پوچھوں گا۔ نام بتانے سے اس نازنین نے جتنا انکار کیا اتنا ہی شہزادے نے اصرار کیا۔ اس کا اصرار دیکھ کر وہ پری لوٹ پوٹ ہوئی اور فاختہ بن کر اڑ گئی۔ شہزادہ اپنی ضد پر پچھتایا اور ہاتھ ملنے لگا۔

میں نے تو پرانی کہانیوں کو سیدھی سچی کہانیوں کے طور پر سنا اور پڑھا ہے۔ مگر اب سننے میں یہ آرہا ہے کہ ان کہانیوں کا ایک علامتی مفہوم ہوتا ہے۔ مجھے پتہ نہیں کہ اس کہانی کا کوئی علامتی مفہوم اگر ہے تو وہ کیا ہے۔ اتنا جانتا ہوں کہ کوئی کوئی شاعری بالکل اسی قماش کی ہوتی ہے۔ احمد مشتاق کے شعر میں کب سے پڑھ رہا ہوں، مگر عجب شاعری ہے۔ اپنا نام نہیں بتاتی۔

احمد مشتاق کے تجربے سے مجھے یہ پتہ چلا کہ نظریاتی شاعری بہت شریفانہ شاعری ہوتی ہے۔ چھوتے ہی اپنا نام بتا دیتی ہے۔ اس میں سب ہی فریقوں کو سہولت رہتی ہے۔ شاعر کو شعر کہنے میں، نقاد کو تنقید کرنے میں، قاری کو سمجھنے میں، دانشور کو چائے کی میز پر

بات کرنے میں ۔اسی لئے اس ڈھب کی شاعری جلدی قبول ہو جاتی ہے مگر مزہ یہ ہے کہ جلدی فراموش بھی ہو جاتی ہے ۔

مشتاق کی شاعری کے بارے میں اتنا تو میں آسانی سے بتا سکتا ہوں کہ اس میں کس کس چیز کی کمی ہے ۔ایک بات تو یہی ہے کہ اس میں نظریے کی سخت کمی ہے ۔سماجی دکھ سکھ کا احساس بھی نہیں پایا جاتا۔ پھر قومی تقاضے پورے کرنے کی لگن بھی نہیں ملتی ۔ایسی بات نہیں ہے کہ مشتاق کے پاس ان چیزوں کی کمی ہے ۔بفضلہ تعالیٰ یہ سب کچھ اس کے دامن میں ہے ۔ مگر یہ سب کچھ چائے کی میز کے صرفے میں آ جاتا ہے ۔شاعری کی عبادت گاہ میں مشتاق جوتیاں اتار کر داخل ہوتا ہے ۔

اچھا چلئے یوں دیکھتے ہیں کہ مشتاق کی غزل روایتی غزل ہے یا نئی غزل کے ذیل میں آتی ہے ۔مجھے یاد ہے کہ احمد مشتاق نے بہت شروع میں اپنی ایک غزل میں فٹ پاتھ کا لفظ استعمال کیا تھا،اس پر ہم دوستوں نے اسے خوب داد دی کہ تم نے تغزل سے بغاوت کر کے آج کی زندگی سے رشتہ جوڑا ہے ۔ پتہ نہیں مشتاق کیوں اس روش سے بدک گیا حالانکہ آگے چل کر اس روش نے بہت زور پکڑا۔اسی کے پیٹ سے وہ غزل پیدا ہوئی جسے عرف عام میں نئی غزل کہا جاتا ہے ۔ ویسے اس نئی غزل کو دیکھ کر مجھے میرا جی اور راشد سے پہلے کی وہ نئی شاعری یاد آتی ہے جس میں شاعر کسی سائنسی ایجاد مثلاً ریل گاڑی یا ہوائی جہاز کو موضوع بنا کر نظم باندھا کرتا تھا اور سمجھتا تھا کہ نئی زندگی سے اس کی شاعری کا رشتہ استوار ہو گیا۔ممکن ہے مشتاق نے غزل کو نیا بنانے کے اس طریقے کی حقیقت کو پہچان لیا ہو۔ یا پھر وہ خاص و عام کو اس روش پر چلتے دیکھ کر بھاگ کھڑا ہوا ہو۔ کیوں کہ ہے تو آدمی اکل کھرا، زندگی میں بھی شاعری میں بھی۔

میرے کہنے کا مطلب صرف اتنا ہے کہ مشتاق نے شاعری کے معروف و مقبول برانڈ اپنے اوپر حرام کر لئے ہیں ۔ اس کی شاعری سے ایسے نشانات گم ہیں جن سے کوئی نظریۂ حیات، کوئی فلسفۂ زندگی مرتب کیا جا سکے یا کوئی سماجی، سیاسی، اقتصادی شعور کشید کیا جا سکے ۔ ایسے نشانات کے راستے شاعر جلد پکڑا جاتا ہے ۔ مشتاق کو پکڑنا اسی لئے مشکل ہے کہ اس نے اپنی شاعری میں ایسے نشانات کو راہ نہیں دی ہے ۔ بس اتنا ہوتا ہے کہ آدمی پڑھتے پڑھتے کبھی کبھی کچھ چونکتا ہے کہ یہ کیا ہو رہا ہے ۔ مثلاً یہ غزلیں پڑھتے ہوئے مجھے ایک دم سے خیال آیا کہ اس شخص کے یہاں بار بار دریا کا ذکر کیوں آتا ہے ۔ میرا دھیان پیچھے کی طرف گیا جب شاید 1954 میں ناصر کاظمی نے مجھے اپنے ساتھ ملا کر ایک ٹیبل ٹاک کر ڈالی تھی ۔

غالب کے خلاف رواں ہونے کے بعد اس نے مشتاق کا یہ شعر پڑھا ۔

یہ پانی خامشی سے بہہ رہا ہے
اسے دیکھیں کہ اس میں ڈوب جائیں

اور کہا کہ اس کا رشتہ تھیل کے فلسفہ سے ملتا ہے ۔ اس پر کراچی سے لاہور تک ادبی حلقوں میں بہت اودھم مچا اور بہت چھبتیاں ہوئیں ۔ خیر میں اس بات کو آگے نہیں بڑھاؤں گا کہ میری آشنائی نہیں ۔ مگر یہ خیال تو آتا ہی ہے کہ آخر اس وقت سے اب تک مشتاق کی غزل میں دریا کیوں آئے چلا جا رہا ہے ۔ میں نقاد ہوتا تو کہتا کہ دریا مشتاق کے یہاں فلاں چیز کا استعارہ ہے ۔ مثلاً وقت کا ۔ مگر نقاد تو ایسا بیان دینے کے بعد جوڑ ملاتا ہے ۔ میرے بس کی تو یہ بات نہیں ۔ اور دریاؤں کے ساتھ تو یوں بھی میں ایسے سلوک کو روا نہیں سمجھوں گا ۔ میں تو دریا کو دریا ہی دیکھنا چاہتا ہوں ۔ دریا رہتے ہوئے وہ

اگر کہیں کہیں وقت کا استعارہ بنتا نظر آئے تو خیر اس میں کوئی حرج نہیں۔ ویسے یہ مجھے اندازہ ہے کہ وقت مشتاق کے لئے ایک مسئلہ ہے۔ بلکہ کبھی کبھی تو یہ احساس ہوتا ہے کہ اس کے یہاں بنیادی مسئلہ ہی یہ ہے۔ ان غزلوں میں گذرتے وقت کا احساس کتنی اذیت ناکی سے ابھرتا ہے۔

وہی گلشن ہے لیکن وقت کی پرواز تو دیکھو

کوئی طائر نہیں پچھلے برس کے آشیانوں میں

جاتے ہوئے ہر چیز یہیں چھوڑ گیا تھا

لوٹا ہوں تو اک دھوپ کا ٹکڑا نہیں ملتا

اور اگر کوئی ملتا بھی ہے تو وقت کے ہاتھوں کیا سے کیا ہو چکا ہے

دل فسردہ تو ہوا دیکھ کے اس کو لیکن

عمر بھر کون جواں کون حسیں رہتا ہے

اچھا، وقت کا احساس تو ہوا مگر وقت کے ساتھ یہ مکان کا کیا چکر ہے۔ مکان کا ذکر بھی مشتاق کے یہاں بہت آتا ہے اور یہ ذکر دیکھ مجھے یقین ہو گیا کہ مشتاق اپنی شاعری میں کسی لمبی مار پر نہیں ہے۔ یوں دیکھئے کہ ان غزلوں میں مکان کا ذکر بار بار آتا ہے، کائنات کا کہیں ذکر ہی نہیں ہے۔ اس کا مطلب یہ ہوا کہ احمد مشتاق کے پاس جس طرح کوئی نظریہ حیات نہیں ہے۔ اسی طرح کوئی تصور کائنات بھی نہیں ہے۔ اس کی کائنات مکان ہے۔ بس اس کے واسطے سے وقت کے عمل کو جاننے سمجھنے کی کوشش نظر آتی ہے۔

سونے دالان کھڑکیاں سنسان

خالی کمرے مکان کے دیکھے

جس کی سانسوں سے مہکتے تھے درو بام ترے

اے مکاں بول کہاں اب وہ مکیں رہتا ہے

مکان مشتاق کے یہاں کوئی تجرید نہیں ہے، اس کی استعاراتی حیثیت ہوگی، مگر یہ بعد کی بات ہے۔ اولا وہ سیدھے سچے مکان ہیں، برجیوں والے مکان، کھڑکیوں اور دالانوں والے مکان۔ کوئی درختوں کی اوٹ میں اپنی نیچی چھت کے ساتھ کھڑا ہوا، کوئی اپنی برجیوں کے ساتھ گلی کے بیچ کھڑا ہوا۔ اصل میں ان غزلوں میں پورے ایک شہر کا نقشہ ابھرتا ہے۔ دور سے دیکھو تو اس کی صرف برجیاں نظر آئیں گی۔ قریب آئیے اور دیکھئے کہ یہاں گلیوں کا ایک جال بچھا ہے اور چھوٹے بڑے مکان کھڑے ہیں۔ ویسے تو یہاں بھی ساری توجہ اسی مکان پر ہے جو غزل میں ہمیشہ سے مرجع عاشقاں رہا ہے۔ مگر وہاں مکان کے اندر کا کچھ پتہ نہیں چلتا تھا، بام نظر آتی تھی یا ڈیوڑھی۔ یہاں کمرے کا بہت ذکر ہے۔ بس اس ایک بات سے پتہ چلتا ہے کہ اس غزل میں وقت بدل چکا ہے۔ وہ اور وقت اور تہذیب تھی جب محبوب کو بالائے بام ہی دیکھا جا سکتا تھا۔ سو غزل میں سارے مضمون بام پر صرف ہو گئے اب اور وقت اور تہذیب ہے۔ مشتاق غزل کو بام سے اتار کر کمرے میں لے آیا ہے۔ اور ہاں گلی جس کا ذکر غزل میں بہت رہا ہے، مگر وہ گلی سے زیادہ گلی کی تجرید ہے۔ مشتاق کے یہاں گلی جیتی سانس لیتی نظر آتی ہے۔ لیجئے کیا شعر یاد آیا۔

اب رات تھی اور گلی میں رکنا   اس وقت عجیب سا لگا تھا

میں اس شعر کو پڑھتے ہوئے غزل کی دنیا سے نکلتا ہوں اور چیخوف کی طرف چل پڑتا ہوں۔ جیسے میں غزل نہیں پڑھ رہا ہوں، چیخوف کی کوئی کہانی پڑھ رہا ہوں مگر چیخوف والے لہجے کے ساتھ بڑی قباحتیں ہیں۔ یہ لہجہ لکھنے والے کو عہد کا نقیب نہیں بننے

دیتا،کوئی علم نہیں اٹھانے دیتا۔ یہاں اونچی آواز سے بولنا ہی منع ہے۔ لیجئے ایک شعر اور
یاد آگیا۔

بہت رک رک کے چلتی ہے ہوا خالی مکانوں میں

بجھے ٹکڑے پڑے ہیں سگریٹوں کے راکھ دانوں میں

اس قبیل کے شعروں کو پڑھتے ہوئے مجھے کچھ اس قسم کی بات سمجھ میں آئی کہ
مشتاق کہانی کو وہاں سے پکڑتا ہے جہاں وہ ختم ہوتی نظر آتی ہے۔ وہ عمل کا شاعر نہیں
ہے۔ عمل کے انجام کا شاعر ہے۔ نہ کوئی تبصرہ نہ کوئی محاکمہ۔ نہ نالہ و شیون۔ بات بالعموم
ایک آہ سرد پر ختم ہو جاتی ہے ع

کوئی طائر نہیں پچھلے برس کے آشیانوں میں

یا زیادہ سے زیادہ ایک قسم کی افسردگی آمیز بے تعلقی پر۔

موسم گل ہو کہ پت جھڑ ہو بلا سے اپنی

ہم کہ شامل ہیں نہ کھلنے میں نہ مرجھانے میں

بس کبھی کبھی ایک پھریری سی آتی ہے۔

کوئی شرر نہیں بچا پچھلے برس کی راکھ میں

ہم نفسان شعلہ خو آگ نئی جلائیے

مگر یہ پچھلے برس کا کیا قصہ ہے۔ مشتاق پچھلے برس کی بات بہت کرتا ہے، یہ نہیں
بتاتا کہ پچھلے برس ہوا کیا تھا۔ یہی تو اس شاعر کے ساتھ دقت ہے پوری بات نہیں بتاتا۔
اشارے کر کے چپ ہو جاتا ہے۔ چلئے میں اب چیخوف کو درمیان میں نہیں لاؤں گا ورنہ
خواہ مخواہ گمان ہو گا کہ میں اردو غزل میں کسی چیخوف کی تلاش میں نکلا ہوں۔ مجھے اپنی غزل

میں چیخوف کو تلاش کرنے کی کیا ضرورت ہے ۔ یہاں میر پہلے سے موجود ہے لیکن اگر میر
کے یہاں کھلم کھلا بات کرنا اور اعلان کرنا منع ہے تو اس کی وجہ یہ ہے کہ وہ تہذیب ہی اس
مزاج کی تھی کہ اس میں جذبے کا کھلا اظہار معیوب سمجھا جاتا تھا اور اونچی آواز سے بولنا
خلاف شائستگی جانا جاتا تھا۔ پھر تہذیب کے اندر میر کی اپنی تہذیب تھی جیسے اس شخص نے
اس تہذیب کا سارا عطر اپنی ذات میں سمیٹ لیا ہو

دور بیٹھا غبار میرا اس سے

عشق بن یہ ادب نہیں آتا

مگر یہ ادب بھی عشق سے اکیلے میر ہی نے سیکھا تھا ورنہ اس تہذیب میں عاشق اور
شاعر اور بھی موجود تھے ۔ اب میں مشتاق کے شعر پڑھتا ہوں ۔

ہم ان کو سوچ میں گم دیکھ کر واپس پلٹ آئے

وہ اپنے دھیان میں بیٹھے ہوئے اچھے لگے ہم کو

وہ سو رہا ہو اور اسے دیکھتا رہوں

مشتاق چاہتی ہے طبیعت کبھی کبھی

میر سے ملے بن یہ ادب نہیں آتا کہ محبوب کو سوچ میں گم دیکھے اور دبے پاؤں
پلٹ آئے یا اسے سوتا ہوا پائے اور بس دیکھتا رہے ۔ مشتاق کے یہاں عاشق اتنا ہی
مہذب نظر آتا ہے جتنا میر کے یہاں ہے ۔ یہ عاشق اپنی تمنا میں مگن نظر آتا ہے، اظہار تمنا
سے دور ہے ۔ کیوں؟ مہذب عاشق جو ہوا ۔

تنہائی میں کرنی تو ہے اک بات کسی سے

لیکن وہ کسی وقت اکیلا نہیں ہوتا

فرض کیجئے وہ اکیلا مل جاتا ہے اور اظہارِ تمنا بھی ہو جاتا ہے ۔ پھر؟ یہی کہ

میں نے کہا کہ دیکھ یہ میں یہ ہوا یہ رات

اس کہا کہ میری پڑھائی کا وقت ہے

بیچارہ مہذب عاشق ۔ اس نے کس رکھ رکھاؤ سے کس شائستگی سے اظہارِ تمنا کیا۔ ادھر سے جواب کیا آیا جیسے کوئی ڈلا مار دے ۔ یہ نئے زمانے کا محبوب ہے ۔ عاشق کو ٹڑخانے کے اس نے بہانے سیکھ لئے ہیں ۔ عشق کی تہذیب پرانی ہے ۔ محبوبوں کے ناز و انداز زمانے کے ساتھ بدلتے رہتے ہیں ۔ مشتاق کا زور عشق کی تہذیب پر ہے، محبوب کی سیاست پر نہیں ۔ اس تہذیب کے اپنے آداب ہیں ۔ یہ اعلانات کا زمانہ ہے، جذبوں کو اچھالنے کا زمانہ ہے، کم ظرف عاشقوں اور اوچھی محبوباؤں کا زمانہ ہے ۔ مگر مشتاق کے یہاں عشق کے ادب آداب اور ہیں ۔

اس لئے حال دل نہیں کہتا

کہیں جذبات میں نہ بہ جاؤں

کچھ اپنے رنج اپنی مسرت بچا کے رکھ

پڑتی ہے آدمی کو ضرورت کبھی کبھی

مشتاق بہت کفایت شعار آدمی ہے ۔ رنج اور مسرت دونوں کو بہت بچا بچا کر رکھتا ہے ۔ جذبے کو سنبھال کر رکھنا اس جذباتی فضول خرچی کے دور میں کوئی مشتاق سے سیکھے ۔ ہمارے زمانے میں شاعری کے ساتھ یہی سانحہ گذرا ہے کہ شاعر جلدی بہ نکلتا ہے ۔ نتیجہ جذباتیت ۔ اس صدی کی تیسری دہائی کی ترقی پسند شاعری اور افسانہ اس کی عبرت بھری

مثالیں ہیں ۔ اس کم ظرف زمانے میں مشتاق کی طاقت یہ ہے کہ اسے اپنے آپ کو تھام کر رکھنا آتا ہے ۔ جذبے کو سنبھالنا، تخلیقی طور پر اس کی پرورش کرنا، تہذیب کرنا اسے خوب آتا ہے ۔ سو اس کے یہاں زور جذبے کے اعلان پر نہیں بلکہ جذبے کے ضبط پر ہے ۔ جذباتیت کے اس دور میں مشتاق کی غزل جذبے کی شاعری کی مثال پیش کرتی ہے ۔ خالص جذبے کی شاعری ۔ کہہ لیجئے خالص شاعری ۔

غالب کا استدلال یہ تھا کہ لطافت بے کثافت جلوہ پیدا کر نہیں سکتی ۔ مشتاق کو دھن یہ ہے کہ لطافت سے ثقافت یکسر خارج کر دی جائے ۔ وہ چیزوں کو پاک صاف دیکھنا چاہتا ہے ع

کتنے نفیس تھے مکاں صاف تھا کتنا آسماں

مگر اب آسمان کو کیا ہو گیا ع

دھوئیں سے آسماں کا رنگ میلا ہوتا جاتا ہے

زمین کا یہاں ذکر نہیں ۔ وہ تو پہلے ہی میلی ہو چکی تھی ۔ آسمان رہ گیا تھا ۔ سو زمین سے اٹھتا دھواں اب اسے بھی میلا کئے دے رہا ہے اور اب میری سمجھ میں کچھ کچھ آ رہا ہے کہ مشتاق کے یہاں دریا کا ذکر بار باریوں آتا ہے ۔ چیزوں کو پاک و صاف دیکھنے کی خواہش نے دریا میں اس کے لئے اتنی کشش اتنی جاذبیت پیدا کر دی ہے ۔ اس زمین پر آب رواں سے زیادہ پاک و صاف شئے کون سی ہو سکتی ہے ۔ رہ گئے آدمی تو

بہت شفاف تھے جب تک کہ مصروف تمنا تھے

مگر اس کار دنیا میں بڑے دھبے لگے ہم کو

زندگی میں اس شخص کا رویہ یہ ہے کہ اسے ہر آدمی تمنا سے دور اور کار دنیا میں ملوث

نظر آتا ہے ۔ دشمن کی نظر جوتے پر اور احمد مشتاق کی نظر دوستوں کے دامن پر ۔ ہر دامن پر وہ کوئی دھبہ ڈھونڈ نکالتا ہے ۔ اپنے دامن کو دھبے سے بچانے کا اس نے یہ طریقہ سوچا کہ گھر سے دفتر ، دفتر سے ٹی ہاؤس ۔ ٹی ہاؤس سے قدم باہر مت نکالو ، مبادا کہ تم کار دنیا میں ملوث ہو جاؤ اور دامن پر دھبہ آ جائے ۔ اس رویے کو لے کر جب وہ شاعری میں آیا تو اس نے ایسی شاعری کرنے کی کوشش کی جس کا خمیر تمنا سے اٹھا ہو ۔ کچھ غم جاناں کچھ غم دوراں ، شاعری پیدا کرنے کا یہ نسخہ اس کے مطلب کا نہیں تھا ۔ غم جاناں اور صرف غم جاناں کہ یہ غم صفائے قلب کا ضامن ہے ۔

مگر بات یہاں آ کر ختم نہیں ہو جاتی ۔ مشتاق نے زندگی میں کار دنیا سے تو بے شک اپنے آپ کو دور رکھا ۔ مگر غم دوراں تو اس کے یہاں وافر مقدار میں موجود ہے ۔ شاعری کی اقلیم میں داخل ہوتے ہوئے اس کا کیا بندوبست کیا جائے مگر بندوبست کہاں تک کیا جا سکتا ہے ۔ بندہ بشر ہے ۔ بھول چوک ہو ہی جاتی ہے ۔ مشتاق کے دامن پر ممکن ہے کہ کوئی دھبہ نہ ہو مگر شاعری میں تو اس سے بھول چوک ہوئی ہے اور کبھی کبھار ایسا شعر بھی اس میں نظر آ جاتا ہے ۔

تبدیلی حالات کے چرچے تو بہت ہیں
لیکن وہی حالات کی صورت ہے ابھی تک

مگر اکا دکا ایسا شعر صرف اتنا ظاہر کرتا ہے کہ مشتاق سے کبھی کبھی غفلت بھی ہو جاتی ہے ۔ ورنہ اس کا بندوبست بہت سخت ہے ۔ بندوبست یہ ہے کہ غم دوراں اگر اس کے شعری اقلیم میں آتا ہے تو اس پر پابندی یہ ہوگی کہ وہ غم جاناں کی تابعداری قبول کرے ۔ اور مشتاق اپنے غم دوراں سے غم جاناں کی اتنی تابعداری کراتا ہے کہ اس کی اپنی خود مختار

حیثیت ختم ہو جاتی ہے، بس وہ غم جاناں کا حصہ بن جاتا ہے۔ اس سے غم جاناں کو بے شک فائدہ پہنچتا ہے کہ اس اثر سے اس میں ایک نئی گہرائی پیدا ہو جاتی ہے۔ مگر غم دوراں اس طرح تحلیل ہوتا ہے کہ اسے اس شاعری میں پکڑنا مشکل ہو جاتا ہے۔ مثلاً اس قسم کے شعر میں کہ

موسموں کا کوئی محرم ہو تو اس سے پوچھوں
کتنے پت جھڑا بھی باقی ہیں بہار آنے میں

آسانی سے تو یہ پتہ نہیں چلتا کہ اپنے عہد کا وہ کیا احوال ہے یا ہماری اجتماعی زندگی کا وہ کیا نقشہ ہے جو بھیس بدل کر یہاں ظاہر ہوا ہے۔ یا سچی کھری عشقیہ غزل کے بیچ کوئی ایسا شعر بھی آ جائے

کوئی شرر نہیں بچا پچھلے برس کی راکھ میں
ہم نفسان شعلہ خو آگ نئی جلائیے

تو وہ باقی غزل سے ہٹ کر اپنے معنی کا اعلان نہیں کرے گا۔ میں تو اس وجہ سے ٹھٹکا کہ میں کسی پچھلے برس میں مشتاق کا یہ شعر پڑھ چکا تھا۔

دلوں کی اور دھواں سا دکھائی دیتا ہے
یہ شہر تو مجھے جلتا دکھائی دیتا ہے

اور اب پھر مجھے خیال آ رہا ہے کہ معلوم کیا جائے کہ یہ پچھلا برس آخر کون سا برس ہے اور مشتاق کی شاعری میں کیا کر رہا ہے۔ موسموں کے اس قدر ذکر کی بات تو میری سمجھ میں کسی قدر آتی ہے صفائی اور پاکیزگی کی جسے تلاش ہے وہ فطرت کی طرف جائے ہی جائے۔ ہوا، پانی، بادل، آسمان، گل، پھول، درخت، پرندے، ان غزلوں میں پاکیزگی انھیں واسطوں

سے اپنے درشن دیتی ہے اور گذرتا وقت بھی انہی واسطوں سے اپنا اعلان کرتا ہے ۔ شاعری بالعموم اور غزل میں بالخصوص یہ دقت چلی آتی ہے کہ اشیا اپنی شیئت کو برقرار نہیں رکھ پاتیں ۔ اشیا اپنی شیئت کو کم کر کے تجریدی رنگ پکڑ لیتی ہیں اور مظاہرِ فطرت اپنی مہک کھو کر استعاروں میں ڈھل جاتے ہیں ۔ یہی دقت اب علامت نگاری کی بدولت افسانے میں پیدا ہوتی جا رہی ہے ۔ اگر لکھنے والے کی طرف سے کسرہ جاتی ہے تو اسے نقاد پوری کر دیتے ہیں ۔ نقاد شیئت کے سب سے بڑے دشمن ہیں ۔ وہ ادب میں شئے کو شئے کے طور پر قبول ہی نہیں کرتے جیسے شئے ہونا کوئی چھوٹی بات ہے ۔ ہر شئے کے ہر مظہر کو اپنے تجزیئے اور تعبیر کے زور سے علامت ثابت کرتے ہیں اور پھر اس پر داد دیتے ہیں ۔ میں مشتاق کے سلسلے میں ایسی کوئی کوشش نہیں کروں گا ۔ اس شاعری میں مجھے بادل، آسمان، دریا، اولاً اپنی ساری شادابی اور پاکیزگی کے ساتھ بادل، آسمان اور دریا ہی نظر آتے ہیں ۔ اگر استعاراتی رنگ پکڑتے ہیں تو دوسری سطح پر جا کر ۔ استعارہ بننے کے شوق میں وہ اپنی سطح کو گم نہیں کرتے ع

کوئی طائر نہیں پچھلے برس کے آشیانوں میں

اس مصرع کے ساتھ میرے تصور میں سچ مچ کے پرندے اور سچ مچ کے گھونسلے ابھرتے ہیں ۔ گھونسلے جو پچھلے موسم میں اپنے مکینوں کے ساتھ کتنے زندہ اور حرارت بھرے نظر آتے تھے اور اب شاخ شاخ مردہ سے لٹکتے ہوئے ہیں، بے آباد بے حرارت ۔ میرے لئے تو اتنا کافی ہے ۔ اس میں علامتی رنگ آپ خود ڈھونڈ لیجئے ۔

یہ پانی خامشی سے بہ رہا ہے
اسے دیکھیں کہ اس میں ڈوب جائیں

اس میں فلسفے کی بات ناصر کاظمی جانیں۔میرے لئے یہ خالص پانی ہے۔

ویسے ناصر کو غالب سے شکایت کیا تھی؟ یہی کہ اس شخص نے اشیا کو اشیا کے طور پر قبول نہیں کیا۔غزل کا یہ شیوہ ہی نہیں رہا۔اس کا اثر نئی نظم پر بھی پڑا کہ اشیا سے وہ بھی خائف ہے، انھیں استعارے کا جامہ پہنا لیتی ہے تب اپناتی ہے۔ ہمارے زمانے میں غزل میں اس سے انحراف ناصر نے کیا تھا یا مشتاق نے کیا ہے اور صحیح کیا۔آخر غزل کو موسموں کا کیوں پتہ نہ چلے۔کیوں یہ خبر نہ ہو کہ جاڑے کی رت کیسے آتی ہے اور برکھا رت کیا کرتی ہے۔آسمان بیضۂ قمری بھی نظر آسکتا ہے اور بیضۂ مور بھی۔مگر اسے آسمان بھی تو نظر آنا چاہیے۔مشتاق کے یہاں آسمان آسمان ہے اور موسم سچ مچ کے موسم ہیں ؏

گرمیاں سردیاں بہار خزاں

جب ہی تو میں مشتاق کی غزل کو خالی غزل سمجھ کر نہیں پڑھتا۔کیا سمجھ کر پڑھتا ہوں،

اس پر سوچنا پڑے گا۔

—انتظار حسین

5رمحرم الحرام 1041ھ

یہ ہم غزل میں جو حرف و بیاں بناتے ہیں
ہوائے غم کے لئے کھڑکیاں بناتے ہیں

انھیں بھی دیکھ کبھی اے نگار شامِ بہار
جو ایک رنگ سے تصویرِ جاں بناتے ہیں

نگاہِ ناز کچھ ان کی بھی ہے خبر تجھ کو
جو دھوپ میں ہیں مگر بدلیاں بناتے ہیں

ہمارا کیا ہے جو ہوتا ہے جی اداس بہت
تو گل تراشتے ہیں تتلیاں بناتے ہیں

کسی طرح نہیں جاتی فسردگی دل کی
تو زرد رنگ کا اک آسماں بناتے ہیں

دل ستم زدہ کیا ہے لہو کی بوند تو ہے
اس ایک بوند کو ہم بیکراں بناتے ہیں

بلا کی دھوپ تھی دن بھر تو سائے بنتے تھے
اندھیری رات ہے چنگاریاں بناتے ہیں

ہنر کی بات جو پوچھو تو مختصر یہ ہے
کشید کرتے ہیں آگ اور دھواں بناتے ہیں

خون دل سے کشتِ غم کو سینچتا رہتا ہوں میں
خالی کاغذ پر لکیریں کھینچتا رہتا ہوں میں

آج سے مجھ پر مکمل ہوگیا دینِ فراق
ہاں تصور میں بھی اب تجھ سے جدا رہتا ہوں میں

تو دیارِ حسن ہے اونچی رہے تیری فصیل
میں ہوں دروازہ محبت کا کھلا رہتا ہوں میں

شام تک کھینچے لئے پھرتے ہیں اس دنیا کے کام
صبح تک فرشِ ندامت پر پڑا رہتا ہوں میں

ہاں کبھی مجھ پر بھی ہو جاتا ہے موسم کا اثر

ہاں کسی دن شائی آب و ہوا رہتا ہوں میں

اہل دنیا سے تعلق قطع ہوتا ہی نہیں

بھول جانے پر بھی صورت آشنا رہتا ہوں میں

اب نہ بہل سکے گا دل اب نہ دئیے جلائیے
عشق و ہوس ہیں سب فریب آپ سے کیا چھپائیے

اس نے کہا کہ یاد ہیں رنگ طلوعِ عشق کے؟
میں نے کہا کہ چھوڑئیے اب انھیں بھول جائیے

کیسے نفیس تھے مکاں صاف تھا کتنا آسماں
میں نے کہا کہ وہ سماں آج کہاں سے لائیے

کچھ تو سراغ مل سکے موسمِ دردِ ہجر کا
سنگِ جمالِ یار پر نقش کوئی بنائیے

کوئی شرر نہیں بچا پچھلے برس کی راکھ میں
ہم نفسان شعلہ خو آگ نئی جلائیے

میٹھی نیند میں آئیں گے سپنے نئے جہان کے
ہجر کی ٹھنڈی رات میں سوجا چادر تان کے

ہر موسم کے پھول سے سجی تھی خواب کی کانس
آنکھ کھلی تو فرش پر ٹکڑے تھے گلدان کے

شہر تو کب کا مٹ چکا لیکن اب تک یاد ہیں
کسی مکان کی جالیاں شیشے کسی مکان کے

سنے ہیں اب تک دو ورق یاد کی پھٹی کتاب میں
نرم عبارت آنکھ کی جملے دبی زبان کے

دل کے اندر دیر سے موسم تھا برسات کا
آخر دھندلے پڑ گئے نقش تری پہچان کے

خیر اوروں نے بھی چاہا تو ہے تجھ سا ہونا
یہ الگ بات کہ ممکن نہیں ایسا ہونا

دیکھتا اور نہ ٹھہرتا تو کوئی بات بھی تھی
جس نے دیکھا ہی نہیں اس سے خفا کیا ہونا

تجھ سے دوری میں بھی خوش رہتا ہوں پہلے کی طرح
بس کسی وقت برا لگتا ہے تنہا ہونا

یوں مری یاد میں محفوظ ہیں تیرے خد و خال
جس طرح دل میں کسی شے کی تمنا ہونا

زندگی معرکۂ روح و بدن ہے مشتاق
عشق کے ساتھ ضروری ہے ہوس کا ہونا

دنیا میں سراغ رہ دنیا نہیں ملتا
دریا میں اتر جائیں تو دریا نہیں ملتا

باقی تو مکمل ہے تمنا کی عمارت
اک گذرے ہوئے وقت کا شیشہ نہیں ملتا

جاتے ہوئے ہر چیز یہیں چھوڑ گیا تھا
لوٹا ہوں تو اک دھوپ کا ٹکڑا نہیں ملتا

جو دل میں سمائے تھے وہ اب شامل دل ہیں
اس آئینے میں عکس کسی کا نہیں ملتا

تو نے ہی تو چاہا تھا کہ ملتا رہوں تجھ سے

تیری یہی مرضی ہے تو اچھا نہیں ملتا

دل میں تو دھڑکنے کی صدا بھی نہیں مشتاق

رستے میں ہے وہ بھیڑ کہ رستہ نہیں ملتا

میں نے اپنے آپ سے دھوکا کیا

تم نے اپنی خواہشوں کا کیا کیا

جگمگاتے آسمانوں سے پرے

ایک بادل دیر تک برسا کیا

راستوں پر گھاس لمبی ہوگئی

دل کی باتوں نے بہت رسوا کیا

لگ گئے لوگ اپنے اپنے کام سے

اور میں تیرا پتہ پوچھا کیا

میں نے جو سوچا تھا غارت ہوگیا
تم نے جو چاہا اسے پورا کیا

خود لکھا خود ہی مٹا ڈالا اسے
اب کوئی پوچھے کہ کیوں ایسا کیا

خواب سارے ریزہ ریزہ کردئیے
جاگنے والے نے کیا اچھا کیا

یہ نقش محبت ہے دوبارہ نہ بنے گا

چاہو بھی تو اس طرح کا نقشہ نہ بنے گا

کب لفظ محبت کی سیاہی کو خبر تھی

یہ لفظ چراغ دل پروانہ بنے گا

اس آگ نے کچھ روز تماشا تو دکھایا

اب آگ لگے گی تو تماشا نہ بنے گا

ہاں رنگ خزاں کو بھی ترس جائیں گی آنکھیں

ہاں اہل چمن اب یہاں ویرانہ بنے گا

اب راہ طلب اور بھی دشوار ہوئی ہے

اب سوچ سمجھ کر کوئی دیوانہ بنے گا

کیوں چھوڑ گیا مجھے ترستا

بادل تھا تو دو گھڑی برستا

مر تو نہیں جائیں گے مگر ہاں

کچھ روز رہیں گے دل شکستہ

صحرائے ہوس میں کھو گیا ہوں

اے عشق نکال کوئی رستہ

مہنگی ہیں یہاں تمام چیزیں

بس خون ہے آدمی کا سستا

یوں خلق خدا جیئے گی کب تک
بندہ بھی تو بن خدا پرستا

سیکھا ہے جو زندگی سے میں نے
کہتا پھرتا تو گھر نہ بستا

وہ چھوڑ گیا ہے مجھ کو مشتاق
دریا نے بدل لیا ہے رستہ

بظاہر تو بکھرتے جا رہے ہیں
مگر اندر سے ڈرتے جا رہے ہیں

جنھیں جینا ہے وہ جیتے رہیں گے
جنھیں مرنا ہے مرتے جا رہے ہیں

توانائی تھی جن کی قابل رشک
وہ رستے میں بکھرتے جا رہے ہیں

نئی بیلیں بنا اے ناخن شوق
پرانے زخم بھرتے جا رہے ہیں

بدلتے موسمو غافل نہیں ہم

ہم اپنا کام کرتے جا رہے ہیں

کبھی جن پر توجہ ہی نہیں دی

وہی دل میں اترتے جا رہے ہیں

زلفیں پکارتی ہیں پریشاں کہاں گئے
آئینے پوچھتے ہیں وہ حیراں کہاں گئے

شائستہؔ فراق یہاں اب کوئی نہیں
تھی جن سے عزت شب ہجراں کہاں گئے

جن کا وجود تھا سر و سامان زندگی
اے زندگی وہ بے سر و ساماں کہاں گئے

تھی جن کو آرزو کوئی انساں دکھائی دے
دنیا تجھے خبر ہے وہ انساں کہاں گئے

آنکھیں کھلیں تو دھوپ چمکتی ہوئی ملی
میرے طلوع صبح کے ارماں کہاں گئے

تم ملے بھی تو ملاقات نہ ہونے پائی
شام آئی تھی مگر رات نہ ہونے پائی

ان کہی بات نے اک حشر اٹھا رکھا تھا
شور اتنا تھا کوئی بات نہ ہونے پائی

درد نے سیکھ لیا اپنی حدوں میں رہنا
خواہشِ وصل مناجات نہ ہونے پائی

کون سے وہم کے پردے تھے دلوں میں حائل
کیوں تری ذات مری ذات نہ ہونے پائی

دل ہی آمادۂ صحرا ہو تو کیوں کر کہیے
زندگی باغِ طلسمات نہ ہونے پائی

ہوا سکوں بھی میسر تو اضطراب رہا
دل خراب ہمیشہ دل خراب رہا

کہیں شفق کہیں یادوں کے بیکراں سائے
نہ دھوپ ہی رہی باقی نہ آفتاب رہا

خیال و خواب کا موسم بدل گیا چپ چاپ
نہ شاخ سبز نہ وہ نغمہ گلاب رہا

تمام عمر کبھی جس سے کھل کے بات نہ کی
ہر اک سخن میں اسی سے مرا خطاب رہا

وہ اپنے گھر میں رہے خوش ہم اپنے گھر میں خوش
یہ تجربہ تھا محبت میں کامیاب رہا

شعبدے سب زبان کے دیکھے
زور سارے بیان کے دیکھے

گرمیاں سردیاں بہار خزاں
سب مزے اس جہان کے دیکھے

گیروا سبز چمپئی دھانی
رنگ سب آسمان کے دیکھے

بھر گئی تھی زمین پھولوں سے
راستے درمیان کے دیکھے

برجیاں دور سے نظر آئیں
شہر نزدیک آن کے دیکھے

سونے دالان کھڑکیاں سنسان
خالی کمرے مکان کے دیکھے

غیر دلچسپ تھا یقین کا کھیل
سب کرشمے گمان کے دیکھے

عشق میں کون بتا سکتا ہے
کس نے کس سے سچ بولا ہے

ہم تم ساتھ ہیں اس لمحے میں
دکھ سکھ تو اپنا اپنا ہے

مجھ کو تو سارے ناموں میں
تیرا نام اچھا لگتا ہے

بھول گئی وہ شکل بھی آخر
کب تک یاد کوئی رہتا ہے

میں نے تو سوچا بھی نہیں تھا
ایسا شخص بھی مر سکتا ہے

کبھی کبھی تو ہنسی آتی ہے
یہ دنیا کیسی دنیا ہے

اچھے دنوں کی آس نہ چھینو
یہی تو ایک دیا جلتا ہے

بہت رک رک کے چلتی ہے ہوا خالی مکانوں میں
بجھے ٹکڑے پڑے ہیں سگرٹوں کے راکھ دانوں میں

دھوئیں سے آسماں کا رنگ میلا ہوتا جاتا ہے
ہرے جنگل بدلتے جا رہے ہیں کارخانوں میں

بھلی لگتی ہے آنکھوں کو نئے پھولوں کی رنگت بھی
پرانے زمزمے بھی گونجتے رہتے ہیں کانوں میں

وہی گلشن ہے لیکن وقت کی پرواز تو دیکھو
کوئی طائر نہیں پچھلے برس کے آشیانوں میں

زبانوں پر الجھتے دوستوں کو کون سمجھائے
محبت کی زباں ممتاز ہے ساری زبانوں میں

افسردگی شوق کی فرصت ہے ابھی تک
صد شکر مرا عشق سلامت ہے ابھی تک

پتھر ابھی پنہاں ہے خد و خال کے پیچھے
قائم ترے چہرے کی صباحت ہے ابھی تک

دل میں ابھی روشن ہے شفق تیرے لبوں کی
اس آتش خاموش میں حدت ہے ابھی تک

تبدیلی حالات کے چرچے تو بہت ہیں
لیکن وہی حالات کی صورت ہے ابھی تک

ہنستا ہوں کہ قدغن کوئی رونے پہ نہیں ہے
زندہ ہوں کہ مرنے کی اجازت ہے ابھی تک

تیری نظروں نے یہ بات اب مجھے سمجھائی ہے
کل محبت تھی ہوس آج کی سچائی ہے

جس سے گذرا ہوں مرے شعر ہیں اس آگ کی راکھ
جس میں لپٹا ہوں وہ چادر مری تنہائی ہے

جنگ اپنے سے لڑی ہو تو شکایت کیسی
مرا دشمن مرا بازو ہے مرا بھائی ہے

کچھ تو بولے مجھے ناکام تمنا تو کہا
یہ بھی یاروں کی بڑی حوصلہ افزائی ہے

جمع و تفریق سے تھا دشت تمنا خالی
حاصل شوق یہی ہے جو ہوا کھائی ہے

دل کو یاد شام ہجر پھر اداس کر گئی
پھر چراغ وصل سے روشنی اتر گئی

دیکھ اے فسردگی زندگی عجیب ہے
خواہش بہار اگر مر گئی تو مر گئی

ساری رات ایک خواب دیکھتا رہا ہوں میں
ایک ہی خیال میں زندگی گذر گئی

شوق بے کنار سے چشم نا صبور تک
روشنی تھی دور تک دور تک نظر گئی

ہے بے توجہی میں نہاں اس کا دیکھنا
ہوتا نہیں ہے سب پہ عیاں اس کا دیکھنا

اہل نظر کو اس کا تغافل بہار ہے
اہل ہوس کے حق میں خزاں اس کا دیکھنا

ہاں اے شگفت غنچہ کہاں اس کی گفتگو
اے چشمک ستارہ کہاں اس کا دیکھنا

اب ایک شغل ہے ترے ایذا پسند کا
جو زخم بھر چکا ہے نشاں اس کا دیکھنا

مقصد ہے زندگی کا اگر کچھ تو بس یہی
سگرٹ کا کش لگا کے دھواں اس کا دیکھا

کیسے انھیں بھلاؤں محبت جنھوں نے کی
مجھ کو تو وہ بھی یاد ہیں نفرت جنھوں نے کی

دنیا میں احترام کے قابل وہ لوگ ہیں
اے ذلت وفا تری عزت جنھوں نے کی

تزئینِ کائنات کا باعث وہی بنے
دنیا سے اختلاف کی جرأت جنھوں نے کی

آسودگانِ منزلِ لیلیٰ اداس ہیں
اچھے رہے نہ طے یہ مسافت جنھوں نے کی

اہلِ ہوس تو خیر ہوس میں ہوئے ذلیل
وہ بھی ہوئے خراب محبت جنھوں نے کی

ترا وجود ہی سب سے بڑی حقیقت ہے
تجھے بھلا نہیں سکتا یہی محبت ہے

گلہ نہیں ہے تری بے تعلقی سے مجھے
میں جانتا ہوں تجھے بھولنے کی عادت ہے

دل حزیں کو بڑی دیر میں ہوا معلوم
یہی کہ تیری محبت مری ضرورت ہے

مری طلب میں ہے ٹھنڈک گئے زمانوں کی
ترے لہو میں نئے موسموں کی حدت ہے

خود اپنی ذات کا جب تجزیہ کیا تو کھلا
ترے بغیر بھی جینے کی ایک صورت ہے

جانا ہے جب سے دل کو ہے دھڑکا لگا ہوا
میں چھوڑ جاؤں گا یہ تماشا لگا ہوا

محفوظ دستبرد زمانہ سے کچھ نہیں
ہر شے کی گھات میں ہے یہ چیتا لگا ہوا

افسردگی حسن سے اے دل نہ ہو ملول
ہر روشنی کے ساتھ ہے سایہ لگا ہوا

تنہائی تو کسی کو میسر نہیں یہاں
ہر راہرو کے ساتھ ہے رستہ لگا ہوا

کیسے ہر آن بدل جاتا ہے منظر دیکھو
کس قدر تیز ہوا چلتی ہے باہر دیکھو

اک نظر حال دلِ زار بتا سکتی ہے
آنکھ رکھتے ہو تو قطرے میں سمندر دیکھو

کس قدر گونج ہے اس رات کے سناٹے میں
نہ یقیں آئے تو آواز لگا کر دیکھو

دل کو بے وجہ سکوں ملنے لگا ہے مشتاق
کوئی شے ٹوٹ رہی ہے مرے اندر دیکھو

روشنی رہتی تھی دل میں زخم جب تک تازہ تھا
اب جہاں دیوار ہے پہلے یہاں دروازہ تھا

درد کی اک موج ہر خواہش بہا کر لے گئی
کیا ٹھہرتیں بستیاں پانی ہی بے اندازہ تھا

رات ساری خواب کی گلیوں میں ہم چلتے رہے
کھڑکیاں روشن تھیں لیکن بند ہر دروازہ تھا

رخصت شب کا سماں پہلے کبھی دیکھا نہ تھا

اتنا روشن آسماں پہلے کبھی دیکھا نہ تھا

دور تک پھیلا ہوا صحرا نظر آیا مجھے

ایک ذرہ بھی جہاں پہلے کبھی دیکھا نہ تھا

دیدنی تھا موج دریا کا نشاط بے پناہ

جلوۂ آب رواں پہلے کبھی دیکھا نہ تھا

اہل دنیا تو ہمیشہ ہی سے ایسے تھے مگر

عشق اتنا ناتواں پہلے کبھی دیکھا نہ تھا

دل پریشاں ہوگیا رنگ زوال حسن سے
آگ دیکھی تھی دھواں پہلے کبھی دیکھا نہ تھا

اس قدر حیراں نہ ہوا آنکھوں میں آنسو دیکھ کر
تجھ کو اتنا مہرباں پہلے کبھی دیکھا نہ تھا

آسماں رنگوں بھری تھالی لگا بارش کے بعد
میں نے ایسا آسماں پہلے کبھی دیکھا نہ تھا

کیا خبر راستے میں رہ جاؤں
سوچتا ہوں کسی سے کہہ جاؤں

اس لئے حال دل نہیں کہتا
کہیں جذبات میں نہ بہ جاؤں

وہ مجھے بھول تو نہیں سکتے
ہاں اگر ان کو یاد رہ جاؤں

دل نے کچھ بستیاں بسائی ہیں
کاش انھیں بستیوں میں رہ جاؤں

وہ جس کی آرزو میرے دل تنہا میں رہتی ہے
انھیں رستوں پہ چلتی ہے اسی دنیا میں رہتی ہے

محبت ہے جہاں میں منبع حسن و توانائی
اسی قوت کے بل پر زندگی اشیا میں رہتی ہے

محبت میں فراق و وصل کا جھگڑا نہیں ہوتا
ستارے عرش پر ہیں روشنی صحرا میں رہتی ہے

خوشی ہی اس سے واقف ہے نہ غم ہی کو خبر اس کی
وہ سرشاری جو اک رنج نشاط افزا میں رہتی ہے

اگر دیکھیں تو چپ لگ جائے ان ساحل نشینوں کو
جو طغیانی سکوت سینۂ دریا میں رہتی ہے

جس نے ایجاد کیا روح کی سرشاری کو
جسم کی جلوہ نمائی بھی ہنر اس کا ہے

راہ اس کی ہے تھکن اس کی ہے منزل اس کی
ہم کرائے کے مسافر ہیں سفر اس کا ہے

اپنا حصہ ہے فقط سایۂ اشجار میں سیر
باغ اس کا ہے گل اس کے ہیں ثمر اس کا ہے

اجنبی لوگ ہیں اور ایک سے گھر ہیں سارے
کس سے پوچھیں کہ یہاں کون سا گھر اس کا ہے

چاندنی رات تھی اک پھول تھا اک سایہ تھا
پھول سے پھول اگا سائے سے نکلا سایہ

میں تجھے بھول نہ جاتا تو خزاں ہی رہتی
شاخ پر پھول تری یاد دلانے آیا

کیسے لہراتے تھے پت جھڑ کی ہوا میں ترے بال
میں نے دیکھا ہی نہیں جی تو بہت للچایا

موسم درد بنا دیتا ہے شعلے کو گلاب
دکھ اٹھانے سے پلٹ جاتی ہے دکھ کی کایا

مل ہی جائے گا کبھی دل کو یقیں رہتا ہے
وہ اسی شہر کی گلیوں میں کہیں رہتا ہے

جس کی سانسوں سے مہکتے تھے درو بام ترے
اے مکاں بول کہاں اب وہ مکیں رہتا ہے

اک زمانہ تھا کہ سب ایک جگہ رہتے تھے
اور اب کوئی کہیں کوئی کہیں رہتا ہے

روز ملنے پہ بھی لگتا تھا کہ جگ بیت گئے
عشق میں وقت کا احساس نہیں رہتا ہے

دل فسردہ تو ہوا دیکھ کے اس کو لیکن
عمر بھر کون جواں کون حسیں رہتا ہے

ہمیں سب اہل ہوس ناپسند رکھتے ہیں
کہ ہم لواے محبت بلند رکھتے ہیں

اسی لئے تو خفا ہیں ستم شعار کہ ہم
نگاہ نرم و دل درد مند رکھتے ہیں

اگرچہ دل وہی رجعت پسند ہے اپنا
مگر زبان ترقی پسند رکھتے ہیں

ہم ایسے عرش نشینوں سے وہ درخت اچھے
جو آندھیوں میں بھی سر کو بلند رکھتے ہیں

چلے ہو دیکھنے مشتاق جن کو پچھلی رات
وہ لوگ شام سے دروازہ بند رکھتے ہیں

کہیں امید سی ہے دل کے نہاں خانے میں
ابھی کچھ وقت لگے گا اسے سمجھانے میں

موسم گل ہو کہ پت جھڑ ہو بلا سے اپنی
ہم کہ شامل ہیں نہ کھلنے میں نہ مرجھانے میں

ہم سے مخفی نہیں کچھ رہگذر شوق کا حال
ہم نے اک عمر گذاری ہے ہوا کھانے میں

ہے یوں ہی گھومتے پھرنے کا مزا ہی کچھ اور
ایسی لذت نہ پہنچنے میں نہ رہ جانے میں

نئے دیوانوں کو دیکھیں تو خوشی ہوتی ہے
ہم بھی ایسے ہی تھے جب آئے تھے ویرانے میں

موسموں کا کوئی محرم ہو تو اس سے پوچھوں
کتنے پت جھڑ ابھی باقی ہیں بہار آنے میں

یہ کہنا تو نہیں کافی کہ بس پیارے لگے ہم کو
انھیں کیسے بتائیں ہم کہ وہ کیسے لگے ہم کو

مکیں تھے یا کسی کھوئی ہوئی جنت کی تصویریں
مکاں اس شہر کے بھولے ہوئے سپنے لگے ہم کو

ہم ان کو سوچ میں گم دیکھ کر واپس پلٹ آئے
وہ اپنے دھیان میں بیٹھے ہوئے اچھے لگے ہم کو

بہت شفاف تھے جب تک کہ مصروف تمنا تھا
مگر اس کار دنیا میں بڑے دھبے لگے ہم کو

جہاں تنہا ہوئے دل میں بھنور سے پڑنے لگتے ہیں
اگرچہ مدتیں گذریں کنارے سے لگے ہم کو

چپکے چپکے گھر میں بیٹھے عاشقی کرتے رہے
چھاؤں میں رہ کر عبادت دھوپ کی کرتے رہے

اس لئے گھر سے نہ نکلے تم نہ آجاؤ کہیں
تم نہ آئے عمر بھر ہم یاد ہی کرتے رہے

یوں تو پندار خدائی تھا پر اس کے باوجود
چھوٹی چھوٹی خواہشوں کی بندگی کرتے رہے

کاش ہم نے بھی سنی ہوتی کبھی دل کی پکار
چاہتی تھی ہم سے جو دنیا وہی کرتے رہے

اب بتائیں بھی تو کیسے دل کے بجھنے کا سبب
ہم کہ اپنے آپ سے پہلو تہی کرتے رہے

مطمئن تو خیر کیا ہوں گے مگر نادم نہیں
دل میں جب تک آگ تھی ہم روشنی کرتے رہے

لبھاتا ہے اگرچہ حسن دریا ڈر رہا ہوں میں
سبب یہ ہے کہ اک مدت کنارے پر رہا ہوں میں

یہ جھونکے جن سے دل میں تازگی آنکھوں میں ٹھنڈک ہے
انھیں جھونکوں سے مرجھایا ہوا شب بھر رہا ہوں میں

ترے آنے کا دن ہے تیرے رستے میں بچھانے کو
چمکتی دھوپ میں سائے اکٹھے کر رہا ہوں میں

کوئی کمرہ ہے جس کے طاق میں اک شمع جلتی ہے
اندھیری رات ہے اور سانس لیتے ڈر رہا ہوں میں

مجھے معلوم ہے اہل وفا پر کیا گذرتی ہے
سمجھ کر سوچ کر تجھ سے محبت کر رہا ہوں میں

پرزے بن کر اڑ گئیں پریاں گہری نیند کی
تند ہوائیں لے گئیں ٹکڑے اجلے خواب کے

صحرا بن کر رہ گیا دریا ٹھاٹھیں مارتا
موجیں بن کر چل پڑے ذرے ریت سراب کے

کتنی فصلیں کاٹتی کند درانتی درد کی
لہریں ماریں چار سو پھیلے کھیت عذاب کے

لیٹی تھیں دو مورتیں سبز سنہری گھاس پر
ان کے چاروں اور تھے بوٹے لال گلاب کے

سدا سہاگ ہو گودی رہے بھری تیری
مسرتوں سے لبالب ہو زندگی تیری

سدا رہیں تری جلوہ گری کے ہنگامے
سدا رہے یہ منور فسردگی تیری

رہ وفا میں خوشی کم ہے اور ملال بہت
خدا کرے کہ سلامت رہے ہنسی تیری

تیری تلاش میں چل تو پڑا ہوں جانے تجھے پاؤں کہ نہ پاؤں
شاید اس گنجان سفر میں آپ ہی اپنے ہاتھ آجاؤں

گھر کی باس اور جسم کی خوشبو بڑے بڑوں کو بھلا دیتی ہے
مجھ میں کیا سرخاب کا پر ہے آخر کیوں تجھ کو یاد آؤں

آگ تو چاروں اور لگی ہے پتی پتی بھڑک رہی ہے
دہر دہر جلتی ہے شاخیں دیکھوں اور گذرتا جاؤں

ایک سے بڑھ کر ایک نظارہ دمک رہا ہے عالم سارا
آنکھیں دو اور حسن بہت ہے کہاں کہاں دامن پھیلاؤں

چھوٹے ہیں خوابوں کے ٹکڑے درد کے رقبے بڑے بڑے ہیں
جس میں سما جائیں دکھ سارے ایسا خواب کہاں سے لاؤں

خبر کیا تجھ کو پیارے درد ہستی کے شکنجے کی
ابھی شاید شکن بھی تیرے بستر میں نہیں ہوگی

جو اک خاموش سے کمرے میں رونق میں نے دیکھی ہے
وہ رونق شہر کے شاید کسی گھر میں نہیں ہوگی

کلی ایسی ہے وہ پورا گلستاں جس سے خالی ہے
وہ موج ایسی ہے جو سارے سمندر میں نہیں ہوگی

شفق پھولی ہے آؤ بادلوں کے رنگ ہی دیکھیں
جو صورت اب ہے یہ صورت گھڑی بھر میں نہیں ہوگی

وہی نظر کہ جو اٹھتی رہی مری جانب
اسی نظر میں کسی اور کا خیال بھی تھا

مجھے ہی بات بڑھانے کی آرزو نہ ہوئی
یہ اور بات کہ ملنا ترا محال بھی تھا

میں تیرا کون تھا لیکن سلوک میں تیرے
خلوص بھی تھا محبت کا احتمال بھی تھا

کھڑی ہے دل میں تری رخصتی کی شام اب تک
عجب طرح کی مسرت بھی تھی ملال بھی تھا

تمام رات پھڑکتے رہے گلاب کے پھول
ہوا بھی تیز تھی اور ٹہنیوں کا جال بھی تھا

زندگی سے ایک دن موسم خفا ہوجائیں گے
رنگ گل اور بوۓ گل دونوں ہوا ہوجائیں گے

آنکھ سے آنسو نکل جائیں گے اور ٹہنی سے پھول
وقت بدلے گا تو سب قیدی رہا ہوجائیں گے

پھول سے خوشبو بچھڑ جائے گی سورج سے کرن
سال سے دن وقت سے لمحے جدا ہو جائیں گے

کتنے پر امید کتنے خوبصورت ہیں یہ لوگ
کیا یہ سب بازو یہ سب چہرے فنا ہوجائیں گے

چھن گئی تیری تمنا بھی تمنائی سے
دل بہلتے ہیں کہیں حوصلہ افزائی سے

کیسا روشن تھا ترا نیند میں ڈوبا چہرہ
جیسے ابھرا ہو کسی خواب کی گہرائی سے

وہی آشفتہ مزاجی وہی خوشیاں وہی غم
عشق کا کام لیا ہم نے شناسائی سے

نہ کبھی آنکھ بھر آئی نہ ترا نام لیا
بچ کے چلتے رہے ہر کوچۂ رسوائی سے

ہجر کے دم سے سلامت ہے ترے وصل کی آس
ترو تازہ ہے خوشی غم کی توانائی سے

کھل کے مرجھا بھی گئے فصل ملاقات کے پھول
ہم ہی فارغ نہ ہوئے موسم تنہائی سے

رات پچھلے پہر وہ ہوائیں چلیں پھول رونے لگے زخم گانے لگے
تیرے جانے کے دن تیرے آنے کے دن یاد کی شاخ پر پھیپھانے لگے

کون آیا مرے گھر کی دہلیز پر کچی مٹی کا فانوس تھامے ہوئے
بام پر جل اٹھیں گھاس کی پتیاں آنگنوں میں دیے سرسرانے لگے

آنکھ میں ان کہے ان سنے واہمے کان میں گرم آغوش کے زمزمے
تھک کے سونے لگیں سیج پر دلہنیں خواب ٹھنڈے دنوں کے ستانے لگے

خشک تالاب ٹوٹی ہوئی سیڑھیاں ادھ کھلے پھول پر سوختہ کھڑکیاں
پھر کوئی شہر آنکھوں میں پھرنے لگا پھر مجھے راستے یاد آنے لگے

رفتہ رفتہ سبھی خواہشیں بجھ گئیں آج پھر تیز بارش کا امکان ہے
دل سے وہ حرف بھی مٹ نہ جائے کہیں جس کی شکلیں بناتے زمانے لگے

کس شے پہ یہاں وقت کا سایہ نہیں ہوتا
اک خواب محبت ہے کہ بوڑھا نہیں ہوتا

وہ وقت بھی آتا ہے جب آنکھوں میں ہماری
پھرتی ہیں وہ شکلیں جنہیں دیکھا نہیں ہوتا

بارش وہ برستی ہے کہ بھر جاتے ہیں جل تھل
دیکھو تو کہیں ابر کا ٹکڑا نہیں ہوتا

گھر جاتا ہے دل درد کی ہر بند گلی میں
چاہو کہ نکل جائیں تو رستہ نہیں ہوتا

یادوں پہ بھی جم جاتی ہے جب گرد زمانہ
ملتا ہے وہ پیغام کہ پہنچا نہیں ہوتا

تنہائی میں کرنی تو ہے اک بات کسی سے
لیکن وہ کسی وقت اکیلا نہیں ہوتا

کیا اس سے گلہ کیجئے بربادی دل کا
ہم سے بھی تو اظہار تمنا نہیں ہوتا

وہ جو اِک وقفہ عمر کا تھا تری آرزو میں بسر کیا
کبھی منتظر رہے شام کے کبھی انتظارِ سحر کیا

کبھی سال سال نہ طے ہوئیں کسی نقشِ پا کی مسافتیں
کبھی ایک لمحہٴ شوق میں کئی منزلوں کا سفر کیا

یہ خرد نہ روک سکی کبھی مرے خیر و شر کے فساد کو
مری خواہشوں کے تضاد کو ترے غم نے شیر و شکر کیا

میں کبھی یہ حرف نہ بولتا میں کبھی یہ راز نہ کھولتا
تری آنکھ نے دیا حوصلہ تو یہ بوجھ اِدھر سے اُدھر کیا

گو اس طرف سے بات کا امکاں نہ تھا کوئی
لیکن مرے سوال پہ حیراں نہ تھا کوئی

چھوٹا سا ایک گھر تھا درختوں کی اوٹ میں
بام بلند و زینۂ پنہاں نہ تھا کوئی

یوں اپنے اپنے کام میں مصروف ہم رہے
جیسے دلوں میں دید کا ارماں نہ تھا کوئی

آنکھوں میں عمر بھر وہی صورت بسی رہی
جس سے دل و نگاہ کا پیماں نہ تھا کوئی

گذرے نظر سے یوں تو کئی ارمغاں مگر
دیکھا تو اس کی شان کے شایاں نہ تھا کوئی

حسن و جمال عشق و ہوس وصل و انتظار
سب درد ہی کے روپ تھے درماں نہ تھا کوئی

نین کھلتے نہ تھے نیند آتی نہ تھی رات آہستہ آہستہ ڈھلتی رہی
سارے اوراق غم منتشر ہو گئے دیر تک دل میں آندھی سی چلتی رہی

گھاس تھی جگنوؤں کو چھپائے ہوئے پیڑ تھے تیرگی میں نہائے ہوئے
ایک کونے میں سر کو جھکائے ہوئے درد کی شمع افسردہ جلتی رہی

پہلا دن تھا محبت کی برسات کا وقت ٹھہرا تھا تجھ سے ملاقات کا
قطرہ قطرہ گذرتی رہیں ساعتیں سائے لیٹے رہے دھوپ چلتی رہی

رنج پچھلی مسرت کے سہتے تھے ہم ایک ہی قریۂ جاں میں رہتے تھے ہم
دن ڈھلے یا کسی صبح کے موڑ پر اپنے ملنے کی صورت نکلتی رہی

ایک راتوں سے بچھڑی ہوئی رات میں ہم اکیلے تھے خواب ملاقات میں
دونوں اک دوسرے کی طرف چل پڑے خواب گھٹتا رہا رات ڈھلتی رہی

چہروں سے پھوٹتی ہے مسرت کبھی کبھی
روحوں میں بولتی ہے یہ دولت کبھی کبھی

ہر بوسے کو نصیب نہیں لمحۂ نشاط
جسموں میں جاگتی ہے یہ لذت کبھی کبھی

اٹھا ہے کس سے بارِ غمِ عشق عمر بھر
آتی ہے جسم و جاں میں یہ طاقت کبھی کبھی

کچھ اپنے رنج اپنی مسرت بچا کے رکھ
پڑتی ہے آدمی کو ضرورت کبھی کبھی

وہ سو رہا ہو اور اسے دیکھتا رہوں
مشتاق چاہتی ہے طبیعت کبھی کبھی

عجب نہیں کبھی نغمہ بنے فغاں میری
مری بہار میں شامل ہے اب خزاں میری

میں اپنے آپ کو اوروں میں رکھ کے دیکھتا ہوں
کہیں فریب نہ ہوں درد مندیاں میری

میں اپنی قوت اظہار کی تلاش میں ہوں
وہ شوق ہے کہ سنبھلتی نہیں زباں میری

یہی سبب ہے کہ احوال دل نہیں کہتا
کہوں تو اور الجھتی ہیں گتھیاں میری

میں اپنے عجز پہ نادم نہیں ہوں ہم سخنو
ہزار شکر طبیعت نہیں رواں میری

کھلی فضا میں بھی چاروں طرف سلاخیں تھیں
میں وہ اسیر جو خوابوں میں بھی رہا نہ ہوا

فسانۂ غم دل اعتراف جرم نہ تھا
یہ کیا ہوا کہ سنانے کا حوصلہ نہ ہوا

کیوں میرے حال دل پر اس کی نظر نہیں ہے
شاید اسے خبر ہو مجھ کو خبر نہیں ہے

سب کی نظر بچا کر میں دیکھتا ہوں اس کو
کیوں دیکھتا ہوں اس کو وہ بے خبر نہیں ہے

وہ جن کے ساتھ چلتا تھا زمانہ
ابھی اس راہ سے تنہا گئے ہیں

جدائی عشق میں ہے کیوں ضروری
وہ سب باتیں مجھے سمجھا گئے ہیں

اندھیرا دیکھ کر کمرہ کسی کا
ستارے روزنوں تک آ گئے ہیں

وقت نے رنگ اڑا دئیے سارے
کل جو تصویر تھی کہاں ہے آج

کار دنیا میں کھو نہ جاؤں کہیں
تو مجھے یاد کر جہاں ہے آج

بجھا ہو دل تو کسی کی ادا نہیں چلتی
کوئی گذارش آب و ہوا نہیں چلتی

کسی طرح نہیں جاتی فسردگی دل کی
کوئی دعا کوئی حمد و ثنا نہیں چلتی

اشعار

وہ شخص ہمیشہ سکھی رہے جس کے اس شہر میں ہونے سے
شاداب رہے مہ سال مرے سرسبز مرے اوقات رہے

کیا بتائیں تجھے کیا ہجر میں دل پر گذری
آنکھیں سبزے کو ترس جائیں تو کیا ہوتا ہے

وقت ہر چیز کی تقدیر بدل دیتا ہے
میں نے دیکھا ہے محبت کا فنا ہو جانا

دوپہر کے وقت ٹھنڈی گھاس پر لیٹا ہوا
صاف نیلے آسماں کو دیکھتا رہتا ہوں میں

ہم اپنے دکھ بھرے دل کی کہانی کہتے رہتے ہیں
ستارے ٹوٹتے رہتے ہیں دریا بہتے رہتے ہیں

کلیات (طباعت اول)

(پاکستانی کلیات اشاعت 1992)

سنگ میل پبلی کیشنز

لاہور۔

سنہ 2009

اجلا ترا برتن ہے اور صاف ترا پانی
اک عمر کا پیاسا ہوں مجھ کو بھی پلا پانی

ہے اک خط نادیدہ دریائے محبت میں
ہوتا ہے جہاں آ کر پانی سے جدا پانی

دونوں ہی تو سچے تھے الزام کسے دیتے
کانوں نے کہا صحرا آنکھوں نے سنا پانی

کیا کیا نہ ملی مٹی کیا کیا نہ دھواں پھیلا
کالا نہ ہوا سبزہ میلا نہ ہوا پانی

جب شام اترتی ہے کیا دل پہ گذرتی ہے
ساحل نے بہت پوچھا خاموش رہا پانی

پھر دیکھ کہ یہ دنیا کیسی نظر آتی ہے
مشتاق مئے غم میں تھوڑا سا ملا پانی

فضائے دل پہ کہیں چھا نہ جائے یاس کا رنگ
کہاں ہو تم کہ بدلنے لگا ہے گھاس کا رنگ

تمہارے بعد بہت آندھیاں چلیں پھر بھی
بجھا نہیں مری آنکھوں کے آس پاس کا رنگ

ملی ہیں اور بھی خوش وضع صورتیں لیکن
نہ وہ بدن کی مہک تھی نہ وہ لباس کا رنگ

جدا ہوئے تو کئی رنگ تھے خیالوں میں
ملے تو ایک تھا پانی کا رنگ پیاس کا رنگ

تو پچھتاتے ہوئے لفظ کیا کریں مشتاق
جھلک اٹھے جو غزل میں دل اداس کا رنگ

اشک دامن میں بھرے خواب کمر پر رکھا

پھر قدم ہم نے تری راہگذر پر رکھا

ہم نے اک ہاتھ سے تھا ماشب غم کا آنچل

اور اک ہاتھ کو دامان سحر پر رکھا

چلتے چلتے جو تھکے پاؤں تو ہم بیٹھ گئے

نیند گٹھری پہ دھری خواب شجر پر رکھا

جانے کس دم نکل آئے ترے رخسار کی دھوپ

مدتوں دھیان ترے سایۂ در پر رکھا

جاتے موسم نے پلٹ کر بھی نہ دیکھا مشتاق

رہ گیا ساغر گل سبزۂ تر پر رکھا

یہ کس ترنگ میں ہم نے مکان بیچ دیا

درخت کاٹ لئے سائبان بیچ دیا

دری لپیٹ کے رکھ دی بساط الٹ ڈالی

چراغ توڑ دئیے شمع دان بیچ دیا

خزاں کے ہاتھ خزاں کے نیاز مندوں نے

لوائے موسم گل کا نشان بیچ دیا

اٹھا جو شور تو اہل ہوس نے گھبرا کر

زمین لیز پہ دے دی کسان بیچ دیا

یہی ہے بھوک کا عالم تو دیکھنا اک دن

کہ ہم نے دھوپ بھرا آسمان بیچ دیا

کوئی نہیں جو کہے داستان موسمِ گل
ملیں گے یوں تو بہت محرمان موسمِ گل

کھلی جو آنکھ تو پتوں کا مینھ برسنے لگا
تنا ہوا تھا ابھی سائبان موسمِ گل

وہ جن کے ہاتھ میں ہیں خونِ گلاب سے رنگیں
بنے ہوئے ہیں وہی عاشقان موسمِ گل

دلوں میں خواب ہیں اور جھولیوں میں پت جھڑ ہے
عجیب حال میں ہیں بیکسان موسمِ گل

ہم ایسے خاک نشینوں کا آسرا ہے یہی
یہ سرزمین خزاں آسمان موسمِ گل

برس کر کھل گیا ابر خزاں آہستہ آہستہ
ہوا میں سانس لیتے ہیں مکاں آہستہ آہستہ

بہت عرصہ لگا رنگِ شفق معدوم ہونے میں
ہوا تاریک نیلا آسماں آہستہ آہستہ

کہیں پتوں کے اندر دھیمی دھیمی سرسراہٹ ہے
ابھی ہلنے لگیں گی ڈالیاں آہستہ آہستہ

جہاں ڈالے تھے اس نے دھوپ میں کپڑے سکھانے کو
ٹپکتی ہیں ابھی تک رسیاں آہستہ آہستہ

سماعت میں ابھی تک آہٹوں کے پھول کھلتے ہیں
کوئی چلتا ہے دل کے درمیاں آہستہ آہستہ

بدل جائے گا موسم درد کی شاخ برہنہ میں
نکلتی آرہی ہیں پتیاں آہستہ آہستہ

مل ہی آتے ہیں اسے ایسا بھی کیا ہو جائے گا

بس یہی نا درد کچھ دل کا سوا ہو جائے گا

وہ مرے دل کی پریشانی سے افسردہ ہو کیوں

دل کا کیا ہے کل کو پھر اچھا بھلا ہوجائے گا

گھر سے کچھ خوابوں سے ملنے کے لئے نکلے تھے ہم

کیا خبر تھی زندگی سے سامنا ہوجائے گا

رونے لگتا ہوں محبت میں تو کہتا ہے کوئی

کیا ترے اشکوں سے یہ جنگل ہرا ہو جائے گا

کیسے آسکتی ہے ایسی دل نشیں دنیا کو موت

کون کہتا ہے کہ یہ سب کچھ فنا ہو جائے گا

وہ جو بے کلی مرے دل کو تھی وہ جو اضطراب تھا اب کہاں
جو بہت ہوا تو چمک گئیں کبھی درد ہجر کی بجلیاں

میرے جسم و جاں کے نواح سے وہ ہوا وہ دھوپ گذر گئی
نہ وہ دل گداز مسرتیں نہ وہ دل نواز اداسیاں

سرِ شاخ درد نہ گھاس پر نہ کسی کے زرد لباس پر
وہ گلاب جانے کدھر گئے جو ابھی کھلے تھے یہاں وہاں

مرے راستے میں اگے ہوئے کسی اور راہ کے پیڑ ہیں
مرے شہر پر ہے جھکا ہوا کسی اور شہر کا آسماں

ہوئی فصل گل تو کھلیں گے ہم رہی زندگی تو ملیں گے ہم
کسی اور دھیان کے روبرو کسی اور خواب کے درمیاں

نیا کلام

(یعنی وہ کلام جو گذشتہ مجموعوں میں شامل نہیں ہے
اور اب کلیات میں شامل کیا گیا۔)

کلیات اول ایڈیشن

شب خون کتاب گھر، الہ آباد، 2004

سرورق، اور سرورق کی خطاطی: عادل منصوری

صورتیں بدلیں محبت نے جوانی میں بہت
موڑ آئے درد ہستی کی کہانی میں بہت

ہر نئے چہرے کے ساتھ اک آرزو جاتی رہی
گم ہوئیں چیزیں مری نقل مکانی میں بہت

کچھ تو میں بھی تنگ دل سے تھا گھبرایا ہوا
کچھ کشش بھی تھی قضا کی بیکرانی میں بہت

ہاں ترے ملنے سے پہلے اس قدر دوری نہ تھی
فاصلہ کم تھا ملال و شادمانی میں بہت

اب ہوا معلوم دل میں دائرے کیسے بنے
میں جو کنکر پھینکتا رہتا تھا پانی میں بہت

ہو گیا شہر پرندوں کی صدا سے خالی
پیٹ بھرتے ہیں کہیں آب و ہوا سے خالی

چھن گئی چھاؤں درختوں سے ہوا سے ٹھنڈک
دجلۂ عشق ہوا آب صفا سے خالی

آستاں منقبت درد کے محرم نہ رہے
ساز سرمست ہوا سوز و صدا سے خالی

میں بظاہر تو ہوں درویش مگر دل میرا
حرص دنیا سے ہے پر خوف خدا سے خالی

ایسا کچھ کر کہ یہ دل لذت غم سے بھر جائے
جی بہلتا نہیں انداز و ادا سے خالی

تھا مجھ سے ہم کلام مگر دیکھنے میں تھا
جانے وہ کس خیال میں تھا کس سے میں تھا

کیسے مکان اجاڑ ہوا کس سے پوچھتے
چولھے میں روشنی تھی نہ پانی گھڑے میں تھا

تا صبح برگ و شاخ و شجر جھومتے رہے
کل شب بلا کا سوز ہوا کے گلے میں تھا

نیندوں میں پھر رہا ہوں اسے ڈھونڈتا ہوا
شامل جو ایک خواب مرے رتجگے میں تھا

ہوئے شاخ شاخ دھواں دھواں گئے موسموں کے ملال میں
وہ جو بجلیوں کے درخت تھے مرے آشیان خیال میں

وہ خمار دیدۂ سرمگیں وہ تراش لب وہ خط جبیں
وہ نشاط ساعت اولیں نہ فراق میں نہ وصال میں

یہ ہوائے قریۂ رفتگاں لئے پھر رہی ہے کہاں کہاں
کبھی جگنوؤں کے جنوب میں کبھی تتلیوں کے شمال میں

نہ دلوں میں خوف خدنگ لا نہ غم خروش نہنگ لا
وہی بے کلی سر شاخ ہے وہی اضطراب ہے جال میں

میں پھروں ہزار ادھر ادھر نہیں گرد و پیش سے بے خبر
مری آنکھ عہد قدیم پر مرا دل زمانۂ حال میں

دریچے کھل رہے ہیں شور برپا ہے مکانوں میں
سپاہی چوریاں کروا کے لوٹ آئے ہیں تھانوں میں

خیالوں میں کوئی کھڑکی کھلی چہرہ نظر آیا
شجر جاگے پرندے پھپھائے آشیانوں میں

ہوئیں بیدار سازِ آرزو سے لرزشیں دل میں
صدا دینے لگے بھولے ہوئے نغمات کانوں میں

اب ان کے بے نوا اوراق فٹ پاتھوں پہ بکھرے ہیں
مقید تھیں کبھی شہزادیاں جن داستانوں میں

چراغِ درد ہی بجھنے کو ہے جلنے سے کیا حاصل
زیادہ رنگے اچھے نہیں ایسے زمانوں میں

کلی کھلی کسی بھولی ہوئی ادا کی طرح
بہار آئی محبت کی ابتدا کی طرح

تمام رات کسی اور آسمان کی دھوپ
نواحِ دل پہ برستی رہی گھٹا کی طرح

حصارِ غم کی شکستہ فصیل سے کوئی یاد
ٹھہر ٹھہر کے گذرتی رہی ہوا کی طرح

گذرنے والے تو کب کے گذر چکے دل سے
یہ کون چیز چمکتی ہے نقشِ پا کی طرح

آنسوؤں سے نہ ڈرو آہ و بکا ہونے دو
جشن رامش گری آب و ہوا ہونے دو

دیکھنا پھر اسی اجڑے ہوئے گلشن کی بہار
مینھ برسنے دو درختوں کو ہرا ہونے دو

مستی عشق ہو یا خواب فراموشی ہو
جس کا جو قرض بھی سر پر ہے ادا ہونے دو

میں نے دل سے کہا ہم جھیل گئے ہجر کا دن
دل نے چپکے سے کہا شام ذرا ہونے دو

اس کی کنج گلی سے آگے گلیاں کوچے اور بھی ہیں
اور بھی ہیں کچھ پریم کے بندھن درد کے رشتے اور بھی ہیں

ادھر ادھر لوگوں سے مل کر اتنا تو معلوم ہوا
میں ہی نہیں دنیا میں تنہا میرے جیسے اور بھی ہیں

عشق و وفا کے کھیل کو اتنا سیدھا سادہ مت جانو
وصل کے اور فرقت کے علاوہ اس میں جھگڑے اور بھی ہیں

ایک انوکھا کنج ہے اس میں یادوں کے گل بوٹوں کا
یوں تو دل میں باغ بغیچے جنگل بیلے اور بھی ہیں

یہ سلگتے درو دیوار یہ جلتا موسم
گردش شام و سحر لا کوئی ٹھنڈا موسم

وہ مرے دھوپ سے دن چاندنی جیسی راتیں
کیسا اجلا تھا تری دید کا پہلا موسم

لے اڑے رونقِ گل خوفِ خزاں کے جھونکے
کردیا ہجر کی برسات نے میلا موسم

دل نہ اچھا ہو تو کچھ بھی نہیں اچھا لگتا
سایۂ گیسوئے دلدار نہ اچھا موسم

گردش عشق جدا گردش ایام جدا
رت بدلنے سے بدلتا نہیں دل کا موسم

موسم گل جسے کہتے ہیں یقیناً ہوگا
آج تک ہم نے تو دیکھا نہیں ایسا موسم

سب اگلے پچھلے سے لوٹ آئے پانی میں
ترے خیال نے جادو جگائے پانی میں

کنار آب رواں جگنوؤں کا میلہ تھا
ستارے صبح تلک جھلملائے پانی میں

جنھیں قریب سے دیکھا تھا خشکیوں پہ کبھی
وہ لوگ ہم کو بہت یاد آئے پانی میں

اندھیری رات ہے اب اور کوئی نہیں اتنا
جو جا کے موج سحر کھینچ لائے پانی میں

گذر رہی ہے تمنا کے ساحلوں سے ہوا
لرز رہے ہیں درختوں کے سائے پانی میں

(محمد سلیم الرحمن کے لئے)

شبنم کو ریت پھول کو کانٹا بنا دیا
ہم نے تو اپنے باغ کو صحرا بنا دیا

اس اونچ نیچ پر تو ٹھہرتے نہیں تھے پاؤں
کس دستِ شوق نے اسے دنیا بنا دیا

کن مٹھیوں نے بیج بکھیرے زمین پر
کن بارشوں نے اس کو تماشا بنا دیا

سیراب کر دیا تری موجِ خرام نے
رکھا جہاں قدم وہاں دریا بنا دیا

اک رات چاندنی مرے بستر پہ آئی تھی
میں نے تراش کر ترا چہرہ بنا دیا

پوچھے اگر کوئی تو اسے کیا بتاؤں میں
دل کیا تھا تیرے غم نے اسے کیا بنا دیا

(شاہد حمید کے لئے)

دل میں وہ شور نہ آنکھوں میں وہ نم رہتا ہے
اب غم ہجر توقع سے بھی کم رہتا ہے

کبھی شعلے سے لپکتے تھے مرے سینے میں
اب کسی وقت دھواں سا کوئی دم رہتا ہے

کیا خدا جانے مرے دل کو ہوا تیرے بعد
نہ خوشی اس میں ٹھہرتی ہے نہ غم رہتا ہے

رشتۂ تارِ تمنا نہیں ٹوٹا اب تک
اب بھی آنکھوں میں تری زلف کا خم رہتا ہے

چھوڑ جاتی ہے ہر اک رت کوئی خوشبو کوئی رنگ
نہ ستم رہتا ہے باقی نہ کرم رہتا ہے

کہاں کی گونج دل ناتواں میں رہتی ہے
کہ تھر تھری سی عجب جسم و جاں میں رہتی ہے

قدم قدم پہ وہی چشم و لب وہی گیسو
تمام عمر نظر امتحاں میں رہتی ہے

مزہ تو یہ ہے کہ وہ خود تو ہے نئے گھر میں
اور اس کی یاد پرانے مکاں میں رہتی ہے

پتہ تو فصل گل و لالہ کا نہیں معلوم
سنا ہے قرب و جوار خزاں میں رہتی ہے

میں کتنا وہم کروں لیکن اک شعاعِ یقیں
کہیں نواحِ دل بدگماں میں رہتی ہے

ہزار جان کھپاتا رہوں مگر پھر بھی
کمی سی کچھ مرے طرزِ بیاں میں رہتی ہے

وہ لڑکپن کے دن وہ پیار کی دھوپ
چھاؤں لگتی تھی رہگذار کی دھوپ

وہ کھلی کھڑکیاں مکانوں کی
وہ دوپہریں وہ کوئے یار کی دھوپ

کنج سورج مکھی کے پھولوں کے
ٹھنڈی ٹھنڈی وہ سبزہ زار کی دھوپ

یہ بھی اک منظر زمینی ہے
خوف کے سائے گیرودار کی دھوپ

برف چاروں طرف ہے اور دل میں
گل آئندہ اور بہار کی دھوپ

کس جھپٹے کے رنگ اجالوں میں آگئے
ٹکڑے شفق کے دھوپ سے گالوں میں آگئے

افسردگی کی لے بھی ترے قہقہوں میں تھی
پت جھڑ کے سر بہار کے جھالوں میں آگئے

اڑ کر کہاں کہاں سے پرندوں کے قافلے
نادیدہ پانیوں کے خیالوں میں آگئے

حسن تمام تھے تو کوئی دیکھتا نہ تھا
تم درد بن کے دیکھنے والوں میں آگئے

کانٹے سمجھ کے گھاس پہ چلتا رہا ہوں میں
قطرے تمام اوس کے چھالوں میں آگئے

کچھ رنگتے تھے جن کی ضرورت نہیں رہی
کچھ خواب تھے جو میرے خیالوں میں آگئے

(ایک غزل شمس الرحمن فاروقی کے لئے)

دھڑکتی رہتی ہے دل میں طلب کوئی نہ کوئی
پکارتا ہے مجھے روز و شب کوئی نہ کوئی

شب الم ترے سادہ دلوں پہ کیا گذری
سحر ہوئی تو سنائے گا سب کوئی نہ کوئی

زبان بند ہے آنکھوں کے بند رہنے تک
کھلے گی آنکھ تو کھولے گا لب کوئی نہ کوئی

ہوائے ساز الم لاکھ احتیاط کرے
لرز ہی اٹھتا ہے تار طرب کوئی نہ کوئی

گھنے بنوں میں بھی رستہ نکل ہی آتا ہے
بنا ہی دیتی ہے قدرت سبب کوئی نہ کوئی

(انتظار حسین کے لئے)

شام غم یاد ہے کب شمع جلی یاد نہیں
کب وہ رخصت ہوئے کب رات ڈھلی یاد نہیں

دل سے بہتے ہوئے پانی کی صدا گذری تھی
کب دھندلا ہوا کب ناؤ چلی یاد نہیں

ٹھنڈے موسم میں پکارا کوئی ہم آتے ہیں
جس میں ہم کھیل رہے تھے وہ گلی یاد نہیں

ان مضافات میں چھپ چھپ کے ہوا چلتی تھی
کیسے کھلتی تھی محبت کی کلی یاد نہیں

جسم و جاں ڈوب گئے خواب فراموشی میں
اب کوئی بات بری ہو کہ بھلی یاد نہیں

وہ ابھی محو ناز تھے اپنے لب و عذار میں
عکس خزاں گذر گیا آئینہ بہار میں

یہ نہ سمجھ کہ حسن کو عشق سے واسطہ نہیں
موج غبار دل بھی ہے موج خرام یار میں

ایک لہولہان خواب چھوڑ گئی ہیں آندھیاں
اور تو کچھ نہیں بچا جان امیدوار میں

دامن صبر سے جدا ہونے لگی ہیں انگلیاں
کچھ نہیں جبر کے سوا اب ترے اختیار میں

شمعیں خموش ہوگئیں پروانے سوگئے
شہر خیال تیرے صنم خانے سوگئے

بوسے ہوئے نڈھال لبوں کی تلاش میں
ہاتھوں کے انتظار میں دستانے سوگئے

دیوانے اگلے رقص کی تیاریوں میں ہیں
سمجھو نہ درد تھم گیا ویرانے سوگئے

پھر دل کو نئی خوشی سے بھر جا
آ اور مجھے اداس کر جا

پھرتا رہوں دور دور کب تک
اک روز قریب سے گذر جا

سب لوگ اتر رہے ہیں اے دل
تو بھی کسی گھاٹ پر اتر جا

گلشن کو بہار کو خزاں کو
اک پیار سے دیکھ اور گذر جا

گل بھی نہ خاک گل بدن بھی
تو بھی اسی خاک میں بکھر جا

اک پھول کہیں مہک رہا ہے
موسم پلکیں جھپک رہا ہے

کل رات کی برف کو بھرا پیڑ
ہولے ہولے جھٹک رہا ہے

اب دھوپ ہے اور ایک رخسار
کندن کی طرح دمک رہا ہے

اب شہر میں شام ہو رہی ہے
پیمانہَ جاں چھلک رہا ہے

ہنستی ہوئی رات میں کوئی ساز
بچوں کی طرح بلک رہا ہے

پتہ اب تک نہیں بدلا ہمارا
وہی گھر ہے وہی قصبہ ہمارا

وہی ٹوٹی ہوئی کشتی ہے اپنی
وہی ٹھہرا ہوا دریا ہمارا

یہ مقتل بھی ہے اور کنج اماں بھی
یہ دل یہ بے نشاں کمرہ ہمارا

کسی جانب نہیں کھلتے دریچے
کہیں جاتا نہیں رستہ ہمارا

ہم اپنی دھوپ میں بیٹھے ہیں مشتاق
ہمارے ساتھ ہے سایہ ہمارا

وابستہ ہیں اس جہان سے ہم
آئے نہیں آسمان سے ہم

دکھ درد ہے ذکر و فکر اپنا
کہتے نہیں کچھ زبان سے ہم

اس جوش نمو سے لگ رہا ہے
اترے نہیں اس کے دھیان سے ہم

کمروں میں اجنبی مکیں تھے
کچھ کہہ نہ سکے مکان سے ہم

محفل تو جمی رہے گی مشتاق
اٹھ جائیں گے درمیان سے ہم

کبھی کبھی ہم ایسے باتیں کرتے ہیں
جیسے نیند میں بچے باتیں ہیں

جن کو کھڑے دیکھا کرتے تھے اب ان سے
رات گئے تک بیٹھے باتیں کرتے ہیں

دل جانے کیوں افسردہ ہو جاتا ہے
بچے جب ہنس ہنس کے باتیں کرتے ہیں

آؤ سنیں پیلی آوازیں پتوں کی
دیکھو پیڑ پون سے باتیں کرتے ہیں

پھولوں کو چپ رہنے پر الزام نہ دو
اس موسم میں کانٹے باتیں کرتے ہیں

کرتے رہیں دور سے نظارے
شاید یہی بھاگ تھے ہمارے

کس دیس کی کشتیاں کھڑی ہیں
جلتی ہوئی شام کے کنارے

جنگل کے اداس جھٹپٹے میں
دریا کو پکارتے ہیں دھارے

تبدیل ہوئے ہیں جگنوؤں میں
کس آتش ہجر کے شرارے

کس صبح کی راہ دیکھتے ہیں
یہ رات یہ آسماں یہ تارے

تھمتی نہیں وقت کی صدائیں
اس شور میں دل کسے پکارے

حیرت سے جہاں کو دیکھتا ہوں
کیا روپ ہیں زندگی نے دھارے

یوں تو در وا تھے بہت فکر و عمل کی جانب
ہم تمہیں دیکھ کے آئے تھے غزل کی جانب

ایسی دلچسپ ہوئیں دشت طلب کی راہیں
مڑ کے دیکھا نہ کبھی باغ ازل کی جانب

جو بڑے زور سے لائے تھے خدا پر ایمان
جلد ہی لوٹ گئے لات و ہبل کی جانب

آہی جاتی تھی کبھی نعرۂ یاہو کی صدا
ہو کا عالم تو نہ تھا دشت و جبل کی جانب

آرزو ہے کہ کبھی ہاتھ پکڑ کر میرا
لے چلو تم کسی گذرے ہوئے کل کی جانب

لکھے تھے حرف ترے نام کے درختوں میں
انھیں کو ڈھونڈھتے پھرتے رہے درختوں میں

ابھی جو گھاس پہ تھے ٹولیاں بنائے ہوئے
بکھر گئے وہ پرندے گھنے درختوں میں

وہ میرے خواب کی پریاں مرے خیال کے جن
چھپے ہوئے تھے عجب واہے درختوں میں

نہ جانے کون رتوں کے بچے ہوئے بادل
تمام رات گرجتے رہے درختوں میں

نہ جانے کب کے سنے زمزموں کی آوازیں
پکارتی رہیں بھیگے ہوئے درختوں میں

ادھر بھی آئے گی شاخ نہال غم سے کہو
ہوا چلی ہے ابھی دوسرے درختوں میں

چشم و لب کیسے ہوں رخسار ہوں کیسے تیرے
ہم خیالوں میں بناتے رہے نقشے تیرے

تیرے ساونت کو سولی کی زباں چاٹ گئی
جسم ابھی گرم تھا اور بال تھے گیلے تیرے

کیا کہوں کیا ترے افسردہ دلوں پر گذری
کیسے تاراج ہوئے آئینہ خانے تیرے

اب کہاں دیکھنے والوں کو یقیں آئے گا
باغ جنت تھا بدن خواب تھے بوسے تیرے

دل سے کبھی گذرا تھا آغاز جوانی میں
عکس گل داؤدی ٹھہرے ہوئے پانی میں

یاں سیکڑوں تفسیریں اے قصۂ غم تیری
واں فرق نہیں کوئی الفاظ و معانی میں

یہ سرخ لکیریں جو دل میں نظر آتی ہیں
رستے ہیں بہاروں کے اس برگِ خزانی میں

کچھ اپنے تغافل سے فرصت نہ ملی اس کو
کچھ دیر ہوئی مجھ سے اظہارِ زبانی میں

دم گھٹا جاتا ہے سبزے کی فراوانی سے
میں نکل جاؤں گا اس قریۂ بارانی سے

ایسی بستی سے تو اچھا ہے بیاباں اپنا
آدمی سانس تو لے سکتا ہے آسانی سے

چار سو پیشِ نظر صبحِ ازل ہو جیسے
دیکھتا رہتا ہوں ہر شکل کو حیرانی سے

پانی میں عکس اور کسی آسماں کا ہے

یہ ناؤ کون سی ہے یہ دریا کہاں کا ہے

دیوار پر کھلے ہیں نئے موسموں کے پھول

سایہ زمین پر کسی پچھلے مکاں کا ہے

چاروں طرف ہیں سبز سلاخیں بہار کی

جن میں گھرا ہوا کوئی موسم خزاں کا ہے

سب کچھ بدل گیا ہے نہ آسماں مگر

بادل وہی ہیں رنگ وہی آسماں کا ہے

دل میں خیال شہر تمنا تھا جس جگہ

واں اب ملال اک سفر رائیگاں کا ہے

تھم گیا درد اجالا ہوا تنہائی میں
برق چمکی ہے کہیں رات کی گہرائی میں

باغ کا باغ لہو رنگ ہوا جاتا ہے
وقت مصروف ہے کیسی چمن آرائی میں

شہر ویراں ہوئے بحر بیاباں ہوئے
خاک اڑتی درو دشت کی پہنائی میں

ایک لمحے میں بکھر جاتا ہے تانا بانا
اور پھر عمر گذر جاتی ہے یکجائی میں

اس تماشے میں نہیں دیکھنے والا کوئی
اس تماشے کو جو برپا ہے تماشائی میں

اب وہ گلیاں وہ مکاں یاد نہیں
کون رہتا تھا کہاں یاد نہیں

جلوۂ حسن ازل تھے وہ دیار
جن کے اب نام و نشاں یاد نہیں

کوئی اجلا سا بھلا سا گھر تھا
کس کو دیکھا تھا وہاں یاد نہیں

یاد ہے زینۂ پیچاں اس کا
در و دیوار مکاں یاد نہیں

یاد ہے زمزمۂ ساز بہار
شور آواز خزاں یاد نہیں

مونس دل کوئی نغمہ کوئی تحریر نہیں
حرف میں رس نہیں آواز میں تاثیر نہیں

آہی جاتا ہے اجڑتی ہوئی دنیا کا خیال
باور آیا کہ ترا درد ہمہ گیر نہیں

ہجر اک وقفہٴ بیدار ہے دو نیندوں میں
وصل اک خواب ہے جس کی کوئی تعبیر نہیں

میرے اطراف یہ زنجیر علائق کیسی
زندگی جرم سہی قابل تعزیر نہیں

کس طرح پائیں اس افسردہ مزاجی سے نجات
ہمدمو ہم سخنو کیا کوئی تدبیر نہیں

رہ شوق میں کیا ہوا کون جانے
مرا حال میرے سوا کون جانے

ترے غم رسیدوں کا غم کون سمجھے
ترے گمشدوں کا پتہ کون جانے

کدھر بہ گیا سبز دریا کا پانی
کنارہ کہاں رہ گیا کون جانے

دیا جو تمنا کا جلتا تھا دل میں
کہاں گل ہوا کب ہوا کون جانے

جو میں نے کہا تھا وہ میں جانتا ہوں
کسی نے مگر کیا سنا کون جانے

جو سب پر گذرتی ہے مجھ پر بھی گذری
برا تھا کوئی یا بھلا کون جانے

بتا رہا تھا کوئی آشناے آب رواں
کہ جنتیں ہیں عجب زیرِ پاے آب رواں

وہی طلوع مسلسل ہے جس طرف دیکھو
تمام آب رواں ہے وراے آب رواں

حواس اگر چہ نظر بندیِ سراب میں ہیں
دلوں کو کھینچ رہی ہے صداے آب رواں

جو روشنی سے بھرے تھے اب ان علاقوں میں
نہ دھوپ ہے نہ کہیں جھلملائے آب رواں

ترے خیال کے آتے ہی یاد آتے ہیں
شفق کے رنگ درختوں کے ساۓ آب رواں

ہم یہیں اب اور گھر ہمارا ہے
یہی سیر و سفر ہمارا ہے

وہ درختوں کے جھنڈ دیکھتے ہو
وہیں بستی میں گھر ہمارا ہے

بار بار اس گلی میں جاتے ہیں
جیسے کوئی ادھر ہمارا ہے

کیوں پریشاں کریں زمانے کو
درد دل درد سر ہمارا ہے

ہم ہیں مزدور کارخانۂ شوق
خواب سازی ہنر ہمارا ہے

دیکھئے ہوتی ہے کب نشو و نما پانی کی
ہم نے اک اشک سے ڈالی ہے بنا پانی کی

اپنی قسمت میں ہے اک دشت بلا کا منظر
اور اطراف سے آتی ہے صدا پانی کی

دستِ خالی کے سوا ان کے تصرف میں ہے کیا
کیا کریں لوگ جو مانگیں نہ دعا پانی کی

اس سے پہلے کہ ترس جائیں نمی کو آنکھیں
لوحِ دل پر کوئی تصویر بنا پانی کی

رات کچھ یوں دل پر درد سے گذری تری یاد
جیسے صحرا سے گذرتی ہے ہوا پانی کی

سوکھتا جاتا ہے دریائے محبت مشتاق
مصرع تر سے کوئی موج اٹھا پانی کی

پھر وہی آنسو وہی خاموشیاں سازوں کے بعد
نغمہ آوازوں سے پہلے ہے نہ آوازوں کے بعد

کتنے گھر باقی ہیں کتنی دستکیں باقی ہیں اور
تیرا دروازہ کھلے گا کتنے دروازوں کے بعد

جانے کس کس سے ملیں ہم تجھ سے ملنے کے لئے
پھر تری آواز آئے کتنی آوازوں کے بعد

پھر وہی ٹوٹی ہوئی شاخیں وہی پتوں کے ڈھیر
کیا ملا ان بے جہت بے درد پروازوں کے بعد

شوق ہنگامہ طلب کچھ اس کا اندازہ بھی ہے
وہ جو اک پر ہول سناٹا ہے آوازوں کے بعد

(سہیل احمد خاں کے لئے)

بام و دیوار و در نہیں کوئی
کہاں جائیں کہ گھر نہیں کوئی

گم ہوئے یوں غبارِ ہستی میں
ہم کو اپنی خبر نہیں کوئی

رات جاتی نظر نہیں آتی
اور آگے سحر نہیں کوئی

دستکوں کی صدائیں آتی ہیں
اور بیرون در نہیں کوئی

بجھ گیا منظر کنارۂ بام
دوستو بام پر نہیں کوئی

یوں نہ حیران ہو کے دیکھ مجھے
جیسے تجھ کو خبر نہیں کوئی

ہنر غم کو چشم کم سے نہ دیکھ
اس سے بہتر ہنر نہیں کوئی

رات پھر رنگ پہ تھی اس کے بدن کی خوشبو
دل کی دھڑکن تھی کہ اڑتے تھے لہو میں جگنو

جیسے ہر شے ہو کسی خواب فراموش میں گم
چاند چمکا نہ کسی یاد نے بدلا پہلو

صبح کے زینۂ خاموش پہ قدموں کے گلاب
شام کی بند حویلی میں ہنسی کا جادو

صحن کے سبز اندھیرے میں دمکتے رخسار
صاف بستر کے اجالے میں چمکتے گیسو

جھلملاتے رہے وہ خواب جو پورے نہ ہوئے
درد بیدار ٹپکتا رہا آنسو آنسو

بغداد میں صبح

وہی ان کی ستیزہ کاری ہے
وہی بے چارگی ہماری ہے

وہی ان کا تغافل پیہم
وہی اپنی گلہ گذاری ہے

وہی رخسار و چشم و لب ان کے
وہی بے چہرگی ہماری ہے

حسن ہو خیر ہو صداقت ہو
سب پہ ان کی اجارہ داری ہے

ہاتھ اٹھا تو سن تخیل سے
یہ کسی اور کی سواری ہے

دل کا بوجھ تو ہلکا ہوتا
رو لیتے تو اچھا ہوتا

یہ شب یہ گیلی تاریکی
کوئی جگنو چمکا ہوتا

اس حسن بے اماں کی حفاظت میں ہوں ہوں کہ جو
دکھلائی بھی نہ دے نظر انداز بھی نہ ہو

اے جان دلبری وہ تمنا کہاں سے لاؤں
جس کا سراغ بھی نہ ملے راز بھی نہ ہو

خوشی ضرور ملی لیکن اس قدر بھی نہیں
کہ بارشوں کے دنوں کے لئے بچا رکھتے

صدائے نغمۂ جاں کس طرف سے آتی ہے
یہ جانتے تو سراغِ نشان پا رکھتے

کھڑے ہیں دل میں جو برگ و ثمر لگائے ہوئے
تمہارے ہاتھ کے ہیں یہ شجر لگائے ہوئے

بہت اداس ہو تم اور میں بھی بیٹھا ہوں
گئے دنوں کی کمر سے کمر لگائے ہوئے

ابھی سپاہِ ستم خیمہ زن ہے چار طرف
ابھی پڑے رہو زنجیر در لگائے ہوئے

کہاں کہاں نہ گئے عالمِ خیال میں ہم
نظر کسی کے در و بام پر لگائے ہوئے

وہ شب کو چیر کے سورج نکال بھی لائے
ہم آج تک ہیں امید سحر لگائے ہوئے

دلوں کی آگ جلاؤ کہ ایک عمر ہوئی
صدائے نالۂ دود و شرر لگائے ہوئے

ان موسموں میں ناچتے گاتے رہیں گے ہم
ہنستے رہیں گے شور مچاتے رہیں گے ہم

لب سوکھ کیوں نہ جائیں گلا بیٹھ کیوں نہ جائے
دل میں ہیں جو سوال اٹھاتے رہیں گے ہم

اپنی رہ سلوک میں چپ رہنا منع ہے
چپ رہ گئے تو جان سے جاتے رہیں گے ہم

نکلے تو اس طرح کہ دکھائی نہیں دیئے
ڈوبے تو دیر تک نظر آتے رہیں گے ہم

دکھ کے سفر پہ دل کو روانہ تو کر دیا
اب ساری عمر ہاتھ ہلاتے رہیں گے ہم

گردش میں پیمانے آئے
مست الست زمانے آئے

پھول تھے یا شمعیں روشن تھیں
اڑ اڑ کر پروانے آئے

جنگل دہڑ دہڑ جلتا تھا
دریا پیاس بجھانے آئے

اپنے دیوانوں سے ملنے
شہروں میں ویرانے آئے

ہم بھی اس برباد جہاں میں
تھوڑی خاک اڑانے آئے

میں بے وجہ روتا رہا رات بھر

بھرے زخم دھوتا رہا رات بھر

سرِ بزمِ دل حسرتیں جمع تھیں

ترا ذکر ہوتا رہا رات بھر

برستا رہا وقفے وقفے سے مینھ

درِ چے بھگوتا رہا رات بھر

بھری ٹہنیوں سے ہواؤں کا شور

گلے لگ کے روتا رہا رات بھر

چمکتی رہیں رات بھر بجلیاں

اجالا سا ہوتا رہا رات بھر

جب پرندے پسِ دیوارِ خزاں بولتے ہیں
دل میں نادیدہ بہاروں کے نشاں بولتے ہیں

سرخیِ شامِ الم گیت میں ڈھل جاتی ہے
زخمۂ درد سے تارِ رگِ جاں بولتے ہیں

کیا لکھا ہے ترے قانونِ طرب میں اے دوست
اپنے اطراف تو نغمے کو فغاں بولتے ہیں

جاگتا ہوں تو صدا دیتی ہیں قاتل یادیں
سونے لگتا ہوں تو زخموں کے نشاں بولتے ہیں

حسرتیں چپ ہیں مگر تیز ہے دل کی دھڑکن
جب مکیں مہر بلب ہوں تو مکاں بولتے ہیں

ملال دل سے علاج غم زمانہ کیا
ضیائے مہر سے روشن چراغ خانہ کیا

سحر ہوئی تو وہ آئے لٹوں کو چھٹکاتے
ذرا خیال پریشانی صبا نہ کیا

ہزار شکر کہ ہم مصلحت شناس نہ تھے
کہ ہم نے جس سے کیا عشق والہانہ کیا

وہ جس کے لطف میں بیگانگی بھی شامل تھی
اسی نے آج گذر دل سے محرمانہ کیا

وہ بزم حرف ہو یا محفل سماع خیال
جہاں بھی وجد کیا ہم نے بے ترانہ کیا

یہ کون خواب میں چھو کر چلا گیا مرے لب
پکارتا ہوں تو دیتے نہیں صدا مرے لب

یہ اور بات کسی کے لبوں تلک نہ گئے
مگر قریب سے گذرے ہیں بارہا مرے لب

اب اس کی شکل بھی مشکل سے یاد آتی ہے
وہ جس کے نام سے ہوتے نہ تھے جدا مرے لب

اب ایک عمر سے گفت و شنید بھی تو نہیں
ہیں بے نصیب مرے کان بے نوا مرے لب

یہ شاخسانہ وہم و گمان تھا شاید
کجا وہ ثمرۂ باغ طلب کجا مرے لب

چمک دمک پہ نہ جاؤ کھری نہیں کوئی شے
سوائے شاخِ تمنا ہری نہیں کوئی شے

دل گداز و لبِ خشک و چشمِ تر کے بغیر
یہ علم و فضل یہ دانش وری نہیں کوئی شے

تو پھر یہ کشمکشِ دل کہاں سے آئی ہے
جو دل گرفتگی و دلبری نہیں کوئی شے

عجب ہیں وہ رخ و گیسو کہ سامنے جن کے
یہ صبح و شام کی جادوگری نہیں کوئی شے

ملال سایۂ دیوار یار کے آگے
شب طرب تری نیلم پری نہیں کوئی شے

جہانِ عشق سے ہم سرسری نہیں گذرے
یہ وہ جہاں ہے جہاں سرسری نہیں کوئی شے

تری نظر کی گلابی ہے شیشۂ دل میں
کہ ہم نے اور تو اس میں بھری نہیں کوئی شے

اب منزل صدا سے سفر کر رہے ہیں ہم
یعنی دل سکوت میں گھر کر رہے ہیں ہم

کھویا ہے کچھ ضرور جو اس کی تلاش میں
ہر چیز کو ادھر سے ادھر کر رہے ہیں ہم

گویا زمین کم تھی تگ و تاز کے لئے
پیمائشِ نجوم و قمر کر رہے ہیں ہم

کافی نہ تھا جمال رخ سادۂ بہار
زیبائشِ گیاہ و شجر کر رہے ہیں ہم

اس روے صاف و زلف پریشاں کو کیا خبر
کن الجھنوں میں شام و سحر کر رہے ہیں ہم

آنکھیں چرائیں درد جہاں سے کہاں تلک
حتی الوسع تو صرف نظر کر رہے ہیں ہم

مجھے اس نے تری خبر دی ہے
جس نے ہر شام کو سحر دی ہے

گم رہا ہوں ترے خیالوں میں
تجھ کو آواز عمر بھر دی ہے

دن تھا اور گرد رہگذار نصیب
رات ہے اور ستارہ گردی ہے

سرد و گرم زمانہ دیکھ لیا
نہ وہ گرمی ہے اب نہ سردی ہے

کیا جہان میں ہے جو نہیں دل میں
دل نوردی جہاں نوردی ہے

دل غمیں ہے کہ تیری یاد نے کیوں
آج آنے میں دیر کر دی ہے

کلیات (اشاعت دوم)

(پاکستانی کلیات، اشاعت 2009)

سنگ میل پبلی کیشنز،

لاہور۔

نیا کلام

(یعنی وہ کلام جو گذشتہ مجموعوں اور کلیات کی اول اشاعت میں نہیں تھا، اور اب شامل کیا جا رہا ہے۔)

پھر وہی رات پھر وہی آواز
میرے دل کی تھکی ہوئی آواز

کہیں باغ نکہت سے آئی
کسی کوئل کی دکھ بھری آواز

ابھی چھایا نہیں ہے سناٹا
آ رہی ہے کوئی کوئی آواز

پھڑ پھڑاہٹ کسی پرندے کی
کسی کونپل کی پھوٹتی آواز

ابھی محفوظ ہے ترا چہرہ
ابھی بھولی نہیں تری آواز

میرے بستر پہ آکے لیٹ گئی
روشنی کی لکیر سی آواز

منھ اندھیرے جگا کے چھوڑ گئی
ایک صبح جمال کی آواز

دن سے فرصت کبھی ملے تو سنو
شام کا ساز رات کی آواز

گونجتا ہے ابھی ترانۂ شوق
وہی آہنگ ہے وہی آواز

ٹیڑھے میڑھے مڑے تڑے مکھڑے
ٹوٹی پھوٹی کٹی پھٹی آواز

بڑے دکھ جھیل کر کمائی ہے
جو بھی ہے یہ بری بھلی آواز

آغاز بہار تھا بدن میں

ہر پھول کھلا تھا پیرہن میں

شفاف ہوا ہری بھری دھوپ

ہر شے تھی نئی نئی چمن میں

وہ ساعتِ دید بھی عجب تھی

کچھ فرق نہیں تھا جان و تن میں

اب شام ہے اور وہی پرندے

اور شور مچا ہوا ہے بن میں

چالاک نہ تھے طبیعتوں کے
مارے گئے اپنے بھولپن میں

لائے نہ زباں پہ نام اس کا
تھا جس سے خطاب ہر سخن میں

اے درد جہاں تری پکاریں
گم ہوگئیں شور ما و من میں

آئینے میں گل لالہ نہ رہا
کیا کوئی دیکھنے والا نہ رہا

نہ پیالہ ہے نہ پانی ہے نہ پھول
ایک منظر تھا نرالا نہ رہا

اتنے چکر دئیے اس دنیا نے
شکوۂ عالم بالا نہ رہا

جانے کب تار تمنا ٹوٹے
کہیں امید کا جالا نہ رہا

اب کوئی کس کی سند پیش کرے
مستند کوئی رسالہ نہ رہا

اب کوئی کس کی گواہی لائے
معتبر کوئی حوالہ نہ رہا

کھا گیا سب کو اندھیرا مشتاقؔ
کوئی لو کوئی اجالا نہ رہا

گل نغمہ کھلا ہوا ہے ابھی

پردۂ ساز پر صدا ہے ابھی

دست شام و سحر سلامت ہیں

محشر زندگی بپا ہے ابھی

سبزہ و گل کا کچھ نہیں بگڑا

ابر موجود ہے ہوا ہے ابھی

کسی برسات کے کنارے سے

کوئی تجھ کو پکارتا ہے ابھی

پل قوس قزح نہیں ٹوٹا

لوٹ آ راستہ کھلا ہے ابھی

لاکھ کرتے رہیں غزل خوانی
کہیں جاتی ہے دل کی ویرانی

جانے کن آئینوں میں ڈوب گئی
اولیں ساعتوں کی حیرانی

جانے کن بادلوں سے برسے گا
سبز دریا کا گمشدہ پانی

سینہ چاک گل سے پوچھ کے دیکھ
رت بدلتی نہیں بہ آسانی

مینہ برستا ہے رات دن مشتاق
دل میں جنگل ہے کوئی بارانی

کبھی دکھ میں کمی نہیں آئی
کوئی سکھ کی گھڑی نہیں آئی

گھر سے نکلے بھی اک زمانہ ہوا
ابھی تیری گلی نہیں آئی

اول اول تو آئی یاد تری
پھر تری یاد بھی نہیں آئی

خوش تو کب تھے مگر اداسی میں
ایسی شدت کبھی نہیں آئی

ایک دم چھا گیا اندھیرا سا
دیر تک روشنی نہیں آئی

اتنے آنسو نہ تھے کہ رو لیتے
ہنسنا چاہا ہنسی نہیں آئی

محبت کی کہانی ہو چکی بس
وفا کی ترجمانی ہو چکی بس

گرجتے گونجتے لفظوں کے دن ہیں
زبان بے زبانی ہو چکی بس

اب آگے ایک طوفان الم ہے
ہوائے شادمانی ہو چکی بس

کسی کھڈ میں لڑھک جائے گی اک دن
یہ واماندہ پرانی ہو چکی بس

سلامت رکھ یہ بستے گھر خدایا
بہت نقل مکانی ہو چکی بس

پھول کیا کیا بہار سے نکلے
ہم نہ اس خارزار سے نکلے

جانے کس ہاتھ کے لگے ٹانکے
جامہؑ تار تار سے نکلے

تو نہ آیا مگر ہزاروں کام
تیرے قول و قرار سے نکلے

دیکھئے کب امید کا کانٹا
دل امیدوار سے نکلے

یہاں کیا کر رہے ہیں ہم آخر
کیوں ہم اپنے دیار سے نکلے

خیال سبز میں ہیں پیڑ سر جھکائے ہوئے
کہاں چلے گئے وہ باغ لہلہائے ہوئے

پس مکاں تھا اندھیرا گھنے درختوں کا
شفق سے تھے در و دیوار جگمگائے ہوئے

کوئی کھڑا تھا در نیم باز میں چپ چاپ
لٹیں کھلی ہوئیں رخسار تمتمائے ہوئے

بکھر چلا ہے مرا تن مگر نہیں ٹوٹے
قمیص پر جو بٹن تھے ترے لگائے ہوئے

تمھاری یاد ہے یا شام کی اداسی ہے
یہ دل کا شور یہ آنسو پلک تک آئے ہوئے

وہ جشنِ گل ہے نہ شاخوں کا شامیانہ ہے
نہ گھاس ہے نہ پرندے نہ آشیانہ ہے

جہاں تھا مدرسہ مسجد بنی ہوئی ہے وہاں
جہاں تھا کھیل کا میدان کارخانہ ہے

فراق خوف ہے دل میں ترے نہ ملنے کا
وصال تجھ سے ملاقات کا بہانہ ہے

خزاں بھی گل ہے ترے درد کا کھلایا ہوا
بہار بھی تری الفت کا شاخسانہ ہے

کرے زمیں کو نہ برباد آسماں سے کہو
یہی تو خاک نشینوں کا اک ٹھکانا ہے

دل میں سوئے ہوئے جذبوں کو جگاتے نہیں ہم
مدتیں ہوگئیں روتے نہیں گاتے نہیں ہم

تجھ سے شرمندہ ہیں ساز سحر و شام کہ اب
تیری آواز میں آواز ملاتے نہیں ہم

بس ذرا دیر کو رکھ لیتے ہیں آنکھوں پہ کبھی
کوئی جاتا ہے تو اب ہاتھ ہلاتے نہیں ہم

بن بلائے ہی چلے جاتے تھے ملنے آگے
اب اگر کوئی بلائے بھی تو جاتے نہیں ہم

ہاتھ کو ہاتھ سجھائی نہیں دیتا مشتاق
کیا تماشا ہے کہ خود کو نظر آتے نہیں ہم

اشعار

رات باقی نہ چراغِ رخِ زیبا باقی
وہ زماں ہو کہ مکاں کچھ نہیں رہتا باقی

یہ دھواں سا نظر آتا ہے جو پیڑ
شعلۂ رنگ خزاں تھا پہلے

محبت میں زیادہ سوچنا اچھا نہیں ہوتا
زیادہ سوچنے سے وسوسے گھر دیکھ لیتے ہیں

کل جس کا تصور ہی نشاطِ دل و جاں تھا
آج اس سے ملاقات بھی اچھی نہیں لگتی

دیکھیں کیا گذرے ہم ایسے سوختہ جانوں کے ساتھ
جو نہ دیوانوں میں شامل ہیں نہ فرزانوں کے ساتھ

پانی میں کانپتے ہیں ابھی تک پلوں کے عکس
وہ سیلِ بے پناہ تو کب کا گذر گیا

ہم نے بھی ایک درپچے کو مہتاب میں ڈھلتے دیکھا ہے
اے عشق کبھی ہم بھی تیری جادو نگری میں رہتے تھے

پریوں کی تلاش میں گیا تھا
لوٹا نہیں آدمی ہمارا

اوراقِ خزانی

نئی دہلی، ریختہ فاؤنڈیشن

2015

(وہ کلام جو کسی گذشتہ مجموعے یا کلیات میں شامل نہیں ہے اور جو کلیات مطبوعہ 2009 کے بھی بعد کا ہے۔)

کچھ لکھا ہے تجھے ہر برگ پہ اے رشکِ بہار

(میر)

بھاگنے کا کوئی رستہ رہنے نہیں دیتے
کوئی در کوئی دریچہ رہنے نہیں دیتے

آسماں پر سے مٹا دیتے ہیں تاروں کا سراغ
ریت پر نقش کف پا رہنے نہیں دیتے

کوئی تصویر مکمل نہیں ہونے پاتی
دھوپ دیتے ہیں تو سایہ رہنے نہیں دیتے

پہلے بھر دیتے ہیں سامان دو عالم دل میں
پھر کسی شے کی تمنا رہنے نہیں دیتے

شہر کوراں میں بھی آئینہ فروش آتے ہیں
بے تجلّی کوئی قریہ نہیں رہنے دیتے

طور سینا ہو کہ آتش کدۂ سوز نہاں
راکھ رہ جاتی ہے شعلہ نہیں رہنے دیتے

اس کی ہر موج سے نوحوں کی صدا آتی ہے
کن خرابوں سے گذر کر یہ ہوا آتی ہے

پا شکستہ ہوئے ایسے کہ پھر اٹھا نہ گیا
گرد اڑتی ہے نہ آواز درا آتی ہے

وہ یقیں ہو کہ گماں کچھ نہیں باقی دل میں
ہاتھ اٹھتے ہیں نہ ہونٹوں پہ دعا آتی ہے

دل نہ میلا کرو سوکھا نہیں سارا جنگل
ابھی اک جھنڈ سے پانی کی صدا آتی ہے

یاد کی شاخ سے لٹکی ہے کوئی پینگ اب تک
وہی خوشبوئے حنائے کف پا آتی ہے

وہی شاخِ نہالِ ہستی ہے
وہی دکھ کی درازدستی ہے

ہوش والوں کو چشمِ کم سے نہ دیکھ
ہوش تو انتہائے مستی ہے

دل میں پھرتی ہے دھوپ سارا دن
رات بھر چاندنی برستی ہے

ہمہ تن گوش ہے نظر میری
تیری آواز کو ترستی ہے

کیسی ناگن ہے یہ اداسی بھی
بھری محفل میں آکے ڈستی ہے

فکرِ خلقِ خدا نہ خوفِ خدا
یہ کہاں کی خدا پرستی ہے

ارے کیوں ڈر رہے ہو جنگل سے
یہ کوئی آدمی کی بستی ہے

نالۂ خونیں سے روشن درد کی راتیں کرو
میں نہیں کہتا دعا مانگو منا جاتیں کرو

دل کے پیچھے میں ہیں سارے موسموں کی چابیاں
دھوپ کھولو چاندنی چھٹکاؤ برساتیں کرو

جو نہیں سنتے ہیں ان کو بھی سناؤ اپنی بات
جو نہیں ملتے ہیں ان سے بھی ملاقاتیں کرو

موت خاموشی ہے چپ رہنے سے چپ لگ جائے گی
زندگی آواز ہے باتیں کرو باتیں کرو

گلیوں کو چپ لگی ہے نگر بولتے ہیں
دیوار و در وہی ہیں مگر بولتے نہیں

کوے کہاں چلے گئے چڑیوں کو کیا ہوا
جو بولتے تھے شام و سحر بولتے نہیں

تم کو خبر ہے بام حرم کے کبوترو
کیوں طائران شاخ و شجر بولتے ہیں

اول تو بولتے ہی نہیں لوگ شہر کے
جو بولتے ہیں بار دگر بولتے نہیں

کیا سناؤں کوئی قصہ کوئی روداد نہیں
جیسے اک خواب سے گزرا ہوں جو اب یاد نہیں

جانے کیوں چاند ٹھہر جاتا ہے چلتے چلتے
اور اس گھر پہ جو اک عمر سے آباد نہیں

وہی آواز سلاسل کہیں مدھم کہیں تیز
لاکھ کہتے رہیں آزاد ہیں آزاد نہیں

فرق اگر ہے تو سلاخوں کی کمی بیشی کا
ہم قفس زاد ہیں سب کوئی چمن زاد نہیں

اس تغافل میں بھی ہر شے پہ نظر تھی تیری
یاد ہوگا تجھے وہ بھی جو مجھے یاد نہیں

مل بھی گئی اگر وہ زباں کیا کروں گا میں
اس دل گرفتگی کو بیاں کیا کروں گا میں

دیکھا نہ آنکھ بھر کے جسے اس کے رو برو
اک عمر کے نہاں کو عیاں کیا کروں گا میں

کیا منہ دکھاؤں گا در دستک شناس کو
اب دیکھ کر وہ بند مکاں کیا کروں گا میں

سائے بھی اس بہار و خزاں کے گذر گئے
اب کیا ہے دیکھنے کو وہاں کیا کروں گا میں

کیوں اس کی یاد کو بھی نہ دل سے نکال دوں
جب آگ بجھ گئی تو دھواں کیا کروں گا میں

لاغر ہیں جسم رنگ ہیں کالے پڑے ہوئے

بالوں پہ گرد پاؤں میں چھالے پڑے ہوئے

اس معرکے میں عشق بچارا کرے گا کیا

خود حسن کو ہیں جان کے لالے پڑے ہوئے

یہ جو بھی ہو بہار نہیں ہے جناب من

کس وہم میں ہیں دیکھنے والے پڑے ہوئے

اس دہر کی کشادہ دری پر نہ جائیے

اندر قدم قدم پہ ہیں تالے پڑے ہوئے

شیشے کے اک گلاس میں نرگس کے پھول ہیں

اک میز پر ہیں چند رسالے پڑے ہوئے

پس غبار فلک کوئی مہ جبیں ہی نہ ہو

یہ گرد باد کہیں نالۂ زمیں ہی نہ ہو

سلگنے لگتا ہے دل کیوں غروب کے ہنگام

کہیں یہ شام کوئی زلف عنبریں ہی نہ ہو

کہیں کچھ اور ہی کہتی نہ ہو زبان بدن

لب نشاط کے پیچھے دل غمیں ہی نہ ہو

سمجھ رہے ہو جسے دامن شفق مشتاق

کسی بہار گذشتہ کی آستیں ہی نہ ہو

دکھ کی چیخیں پیار کی سرگوشیاں رہ جائیں گی
ہم چلے جائیں گے آوازیں یہاں رہ جائیں گی

آئینوں جیسے بدن دریا بہا لے جائے گا
ریت میں پیراہنوں کی دھجیاں رہ جائیں گی

صبح سے پہلے گذر جائے گا یہ طوفان بھی
آسماں پر اکا دکا بدلیاں رہ جائیں گی

ہو بھی جائے دل اگر خالی خیال و خواب سے
پھر بھی اک کونے میں کچھ بے خوابیاں رہ جائیں گی

دل ناشاد کو کیوں اور بھی ناشاد کریں

وقت جو بیت گیا اب اسے کیا یاد کریں

شدت غم کا یہ ریلا بھی گذر جائے گا

دل کا جو رنگ بھی ہو گھر تو نہ برباد کریں

کچھ وہی زہر کو امرت میں بدل سکتے ہیں

جو فسردہ ہوں نہ برہم ہوں نہ فریاد کریں

زندگی جس کے تصور میں گذاری ساری

یاد اس کو نہ کریں ہم تو کسے یاد کریں

سر پٹختا ہے سلاخوں سے پرند ایک سے ایک
کس کو پنجرے ہی میں رکھیں کسے آزاد کریں

ہم بھی چنتے تھے بہت گلشنِ دیدار سے پھول
جہاں آئینہ نظر آئے ہمیں یاد کریں

ہم گرے ہیں جو آکے اتنی دور
کس نے پھینکا گھما کے اتنی دور

کیسی ظالم تھی قرب کی خواہش
کہاں مارا ہے لا کے اتنی دور

اب تو اس کا خیال بھی دل نے
رکھ دیا ہے اٹھا کے اتنی دور

اب تو وہ برگ آرزو بھی ہوا
لے گئی ہے اڑا کے اتنی دور

لالہ و گل بھی اک تسلی ہے
کون آتا ہے جا کے اتنی دور

شام ہوتی ہے تو یاد آتی ہیں ساری باتیں
وہ دوپہروں کی خموشی وہ ہماری باتیں

آنکھیں کھولوں تو مقابل نہیں ہوتا کوئی
بند کرتا ہوں تو ہو جاتی ہیں جاری باتیں

کبھی اک حرف نکلتا نہیں منھ سے میرے
کبھی اک سانس میں کر جاتا ہوں ساری باتیں

جانے کس خاک میں پوشیدہ ہیں آنسو میرے
کن فضاؤں میں معلق ہیں تمھاری باتیں

کس ملاقات کی امید لئے بیٹھا ہوں
میں نے کس دن پہ اٹھا رکھی ہیں ساری باتیں

پہلے نہالِ غم سے شناسائی کیجئے
پھر شاخ شاخ زمزمہ پیرائی کیجئے

ہر رت کا اپنا رنگ ہے اپنی مٹھاس ہے
جو رت بھی آئے اس کی پذیرائی کیجئے

فانی تو ہے جہان مگر سخت جان ہے
ضائع نہ اس پہ اپنی توانائی کیجئے

اس ریگ زارِ تن کا بکھرنا ہے ناگزیر
چاہے ہزار کوشش یک جائی کیجئے

رہنے لگا ہے شور بہت دل کے آس پاس
اب کیسے اس نواح میں تنہائی کیجئے

آج رو کر تو دکھائے کوئی ایسا رونا

یاد کر اے دل خاموش وہ اپنا رونا

رقص کرنا کبھی خوابوں کے شبستانوں میں

کبھی یادوں کے ستونوں سے لپٹنا رونا

تجھ سے سیکھے کوئی رونے کا سلیقہ اے ابر

کہیں قطرہ نہ گرانا کہیں دریا رونا

رسم دنیا بھی وہی راہ تمنا بھی وہی

وہی مل بیٹھ کے ہنسنا وہی تنہا رونا

یہ ترا طور سمجھ میں نہیں آیا مشتاق

کبھی ہنستے چلے جانا کبھی اتنا رونا

اک عمر کی اور ضرورت ہے وہی شام و سحر کرنے کے لئے
وہ بات جو تم سے کہہ نہ سکے اسے بار دگر کرنے کے لئے

کبھی ذکر کیا تری زلفوں کا اور جاتی شام کو روک لیا
کبھی یاد کیا ترے چہرے کو آغاز سحر کرنے کے لئے

فٹ پاتھ پہ بھی سونے نہ دیا ترے شہر کے عزت داروں نے
ہم کتنی دور سے آئے تھے اک رات بسر کرنے کے لئے

اس آنکھ نے جس کی قسمت میں سچ مچ کے در و دیوار نہ تھے
خوابوں کے نگر آباد کیے حسرت کی نظر کرنے کے لئے

اس بے حس دنیا کے آگے کسی لہر کی پیش نہیں جاتی
اب بحر کا بحر اچھال کوئی اسے زیر و زبر کرنے کے لئے

لرزہ ہوا تھا طاری حصنِ حصین دل پر

رکھا تھا پاؤں تم نے جب سرزمین دل پر

تم آؤ تو دکھاؤں بیدرد بارشوں نے

کھینچی ہیں جو لکیریں لوحِ جبین دل پر

رت آگئی خزاں کی باغات آسماں سے

جھڑنے لگے ہیں پتے خاک زمین دل پر

گذرے ہزار بادل پلکوں کے سائے سائے

اترے ہزار سورج اک شہ نشین دل پر

کل شام اک پرندہ جانے کہاں سے آیا

کچھ دیر چہچہایا شاخِ حزین دل پر

جو دل کے داغ ہیں معذور ہوں دکھانے سے
وہ اشک ہیں کہ جو بہتے نہیں بہانے سے

وہاں سلام کو آتی ہے ننگے پاؤں بہار
کھلے تھے پھول جہاں تیرے مسکرانے سے

وہی صدا تھی مگر یوں لگا کہ جیسے کوئی
پکارتا ہو کسی دوسرے زمانے سے

نہ جانے کیوں مرا جی چاہتا تھا وقتِ وداع
پلٹ کے پھر تجھے دیکھوں کسی بہانے سے

وہ کارِ عشق ہو یا کاروبارِ دنیا ہو
کوئی بھی کام نہ ہم نے کیا ٹھکانے سے

اٹھ کر تری زلفوں سے گھٹا آتی رہے گی
چھو کر ترے سانسوں کو صبا آتی رہے گی

آنکھوں کو ترے عارض و لب یاد رہیں گے
دل سے ترے ہنسنے کی صدا آتی رہے گی

یادیں بھی کسی سے کبھی زنجیر ہوئی ہیں
باندھو بھی ہوا کو تو ہوا آتی رہے گی

مشتاق کوئی کان لگائے نہ لگائے
دریا کے گذرنے کی صدا آتی رہے گی

وطن بدلا مگر بدلے نہ حالات
وہی دنیا وہی اس کے سوالات

وہی بچھڑا ہوا بکھرا ہوا دن
وہی سہمی ہوئی سمٹی ہوئی رات

وہی اڑتے ہوئے پتے ہوا میں
وہی شاخیں ہیں پھیلائے ہوئے ہات

کبھی یہ کہہ کے دیتا ہوں تسلی
سحر ہوگی بدل جائیں گے حالات

کبھی یہ سوچ کر ہنستا ہوں دل میں
کہاں جائیں گے یہ ارض و سماوات

کبھی یہ شک کہ ہو سکتا ہے اس نے
بنایا ہی نہ ہو روز مکافات

قالین شفق بچھا ہوا تھا
کچھ رنگ ہی اور باغ کا تھا

گذری ہوئی بلبلوں کا سایہ
اک شاخ گلاب پر دھرا تھا

سبزہ ہو مراقبے میں گویا
خاموش تھا اور جھکا ہوا تھا

بیٹھا تھا کوئی مرے مقابل
اور آپ سے آپ ہنس رہا تھا

دل صبح سے مضطرب ہے میرا
یہ خواب اگر نہ تھا تو کیا تھا

دست سموم دست صبا کیوں نہیں ہوا

در موسم بہار کا وا کیوں نہیں ہوا

ظالم تھے ماورائے حساب و کتاب کیا

ان پر نزول قہر خدا کیوں نہیں ہوا

ان کے سروں پہ کیوں نہیں ٹوٹیں قیامتیں

ان کے گھروں میں حشر بپا کیوں نہیں ہوا

گونجی نہ کیوں فلک سے کوئی آیت غضب

یہ گنبد سکوت صدا کیوں نہیں ہوا

دل میں ہیں کس امید کے پنجے گڑے ہوئے

گوشت ناخنوں سے جدا کیوں نہیں ہوا

دیکھیے اہل دین کا اعجاز

موت بھی ہوگئی شریک نماز

دل سے احساس غم تو چھین لیا

اور کیا کیجیے گا بندہ نواز

از افق تا افق وہی مطرب

از سما تا سمک وہی آواز

ایسی تنہائیاں بھی گذری ہیں

یاد بھی جب نہ بن سکی دم ساز

تم نے دیکھے نہیں خزاں کے رنگ

بھول جاتے بہار کے انداز

اس کی حسرت ہے جو بے ناز و ادا لگتا ہو
اور بھی کچھ رخ و گیسو کے سوا لگتا ہو

وہ جہاں بھی ہو اسے دور سے پہچان سکوں
سب میں شامل ہو مگر سب سے جدا لگتا ہے

اٹھ کھڑا ہو تو لگے موج شفق اٹھی ہے
چل رہا ہو تو سمندر کی ہوا لگتا ہو

دھوپ کی شال میں کندن سا دمکتا تھا وہ شخص
کیا خبر چادرِ مہتاب میں کیا لگتا ہو

مدتیں ہو گئیں دیکھا ہی نہیں اس کی طرف
اسی ڈر سے کہیں بدلا نہ ہوا لگتا ہو

ٹوٹ گیا ہوا کا زور سیل بلا اتر گیا
سنگ و کلوخ رہ گئے لہر گئی بھنور گیا

وہ بھی عجیب دور تھا دل کا چلن ہی اور تھا
شام ہوئی تو جی اٹھا صبح ہوئی تو مر گیا

کس کے بندھے ہوئے تھے ہم دامن ماہتاب سے
ہم بھی ادھر ادھر گئے چاند جدھر جدھر گیا

کتنے رفیق و ہم سفر جن کی ملی نہ کچھ خبر
کس کے قدم اٹھے کدھر کون کہاں پسر گیا

بجھ گئی رونق بدن اڑ گیا رنگ پیرہن
جان امید وار من وقت بہت گذر گیا

کبھی خواہش نہ ہوئی انجمن آرائی کی
کوئی کرتا ہے حفاظت مری تنہائی کی

میں تو گم اپنے نشے میں تھا مجھے کیا معلوم
کس نے منہ پھیر لیا کس نے پذیرائی کی

وہ تغافل بھی نہ تھا اور توجہ بھی نہ تھی
کبھی ٹوکا نہ کبھی حوصلہ افزائی کی

ہچکیاں شامِ شفق تاب کی تھمتی ہی نہ تھیں
اب بھی رک رک کے صدا آتی ہے شہنائی کی

ہم سے پہلے بھی سخنور ہوئے کیسے کیسے
ہم نے بھی تھوڑی بہت قافیہ پیمائی کی

شہر پھر یاد آئے یادوں کے
دل میں پھرتے ہیں سائے یادوں کے

اتنی بے درد بارشوں کے بعد
کس نے جنگل اگائے یادوں کے

سردیوں کی اندھیری راتوں میں
کس نے جادو جگائے یادوں کے

زندگی کی سفید چادر پر
کس نے ٹھپے لگائے یادوں کے

جن کی نس نس میں دل دھڑکتا تھا
اب وہ یادیں ہیں سائے یادوں کے

حسن بھی یاد حسن ہے کہ یہاں
کچھ نہیں ہے سوائے یادوں کے

پھر کوئی دل میں گائے جاتا ہے
ایک ہی دھن سنائے جاتا ہے

روشنی چل رہی ہے پانی میں
کوئی شمعیں جلائے جاتا ہے

جیسے پو پھٹ رہی ہو جنگل میں
یوں کوئی مسکرائے جاتا ہے

پیچھے مڑ کر بھی دیکھتا نہیں وہ
حوصلہ بھی بڑھائے جاتا ہے

آئینہ بھی بدل کے دیکھ لیا
وہی صورت دکھائے جاتا ہے

یہ رنگ یہ روشنی یہیں ہے
آگے کوئی سحر نہیں ہے

لگتے ہیں یہ پیڑ دیکھے بھالے
شاید وہ گلی یہیں کہیں ہے

ہے روپ مگر کسی کسی پر
ہے دھوپ مگر کہیں کہیں ہے

تو کس کو پکارتا ہے اے دل
تیرا تو یہاں کوئی نہیں ہے

آرام طلب نہیں رہے وہ
دیوار تو آج بھی وہیں ہے

کہاں ساری اداسیاں رکھوں
کیسے اس دل کو شادماں رکھوں

ہر طرف بجلیاں چمکتی ہیں
کہاں لے جا کے آشیاں رکھوں

اسی مٹی کے گھر میں سب کچھ ہے
کیوں نظر سوئے لا مکاں رکھوں

یہی چھوٹی سی چھت بہت ہے مجھے
کیوں تمنائے آسماں رکھوں

طاق دل بھی نہیں رہا محفوظ
اب تری یاد کو کہاں رکھوں

اس جھپٹے میں نور تھے ہم تیرگی تھے ہم
اے کرۂ زمین تری زندگی تھے ہم

روتی تھی ہم کو چشم فلک رات رات بھر
صبح ازل کے بچھڑے ہوئے آدمی تھے ہم

اپنی بھی دوستی تھی چراغ نشاط سے
طاق شب ملال کبھی روشنی تھے ہم

پھر کیوں فریب خواب مسرت دیا ہمیں
تو خوب جانتا ہے سدا کے دکھی تھے ہم

ہم میں خرابیاں تھیں تو کچھ خوبیاں بھی تھیں
آخر ملائکہ تو نہ تھے آدمی تھے ہم

شعلہ نہ بن سکے شرر زندگی سے ہم
دنیا کو دیکھتے رہے افسردگی سے ہم

پھیلائیں بھی تو دامن دل سوکھتا نہیں
بھیگے تھے جانے کون سی رت کی جھڑی سے ہم

لگتا تھا کوئی ہے ابھی خالی مکان میں
باہر نکل سکے نہ کسی کی گلی سے ہم

جی پھر بھی چاہتا تھا سنے کوئی دل کی بات
گو جانتے تھے کہہ نہ سکیں گے کسی سے ہم

لازم ہے اب چمک تری زلف قدیم کی
تاریک ہو چلے ہیں نئی روشنی سے ہم

زمیں سے اگتی ہے یا آسماں سے آتی ہے
یہ بے ارادہ اداسی کہاں سے آتی ہے

اسے نئے در و دیوار بھی نہ روک سکے
وہ اک صدا جو پرانے مکاں سے آتی ہے

بدن کی باس نسیم لباس بوئے نفس
کوئی مہک ہو اسی خاکداں سے آتی ہے

دلوں کی برف پگھلتی نہیں ہے جس کے بغیر
وہ آنچ ایک غم بے نشاں سے آتی ہے

سخن وری ہے نظر سے نظر کا ناز و نیاز
عروض سے نہ زبان و بیاں سے آتی ہے

بھولے بسرے موسموں کے درمیاں رہتا ہوں میں
اب جہاں کوئی نہیں رہتا وہاں رہتا ہوں میں

دن ڈھلے کرتا ہوں بوڑھی ہڈیوں سے ساز باز
جب تلک شب ڈھل نہیں جاتی جواں رہتا ہوں میں

کیا خبر ان کو بھی آتا ہو کبھی میرا خیال
کن ملالوں میں ہوں کیسا ہوں کہاں رہتا ہوں میں

جگمگاتے جاگتے شہروں میں رہتا ہوں ملول
سوئی سوئی بستیوں میں شادماں رہتا ہوں میں

بوتا رہتا ہوں ہوا میں گم شدہ نغموں کے بیج
وہ سمجھتے ہیں کہ مصروف فغاں رہتا ہوں میں

کس رقص جان وطن میں مرا دل نہیں رہا
گو میں کسی جلوس میں شامل نہیں رہا

ہر چند تیری روح کا محرم رہا ہوں میں
لیکن ترے بدن سے بھی غافل نہیں رہا

تجھ سے کوئی گلہ ہے نہ تیری وفا سے ہے
میں ہی ترے خیال کے قابل نہیں رہا

باہر چہک رہی ہو کہ اندر مہک رہی
دل اب کسی بہار کا قائل نہیں رہا

یارو سفینۂ غم دل کا بنے گا کیا
لگتا ہے اب کہیں کوئی ساحل نہیں رہا

کچھ دن ہوا بہار کی آئی چلی گئی
کچھ دن خزاں نے خاک اڑائی چلی گئی

جانے وہ کب کی یاد تھی جانے کہاں کی تھی
آئی کسی کی شکل دکھائی چلی گئی

رہتا نشان داغ جبیں کس امید پر
اس در کے ساتھ ناصیہ سائی چلی گئی

سینے میں اب بھی ہیں کئی چھالے پڑے ہوئے
کیسے کہوں کہ آبلہ پائی چلی گئی

چاروں طرف سرود شبانہ کی راکھ ہے
اے دل کہاں وہ شعلہ نوائی چلی گئی

مطمئن کیوں نہیں جہان سے ہم
چاہتے کیا ہیں آسمان سے ہم

اب ہمیں کیا خبر ہدف کیا ہے
کبھی نکلے نہیں کمان سے ہم

تھی کبھی ایک بود و باش اپنی
تھے کبھی ایک خاندان سے ہم

دل کا سب حال تھا جسے معلوم
کیا بتاتے اسے زبان سے ہم

شوق وابستگی کسے معلوم
کب اتر جائیں اس کے دھیان سے ہم

خیال خاطر ناشاد کرتا رہتا ہوں
لب خموش سے فریاد کرتا رہتا ہوں

ہر آن گلشن تصویر کے پرندوں کو
پکڑتا رہتا ہوں آزاد کرتا رہتا ہوں

جہان تنگ دلاں کے ستم رسیدوں کو
دیار خواب میں آباد کرتا رہتا ہوں

تراشتا ہوں نئی مسجدیں خیالوں میں
نئے صنم کدے ایجاد کرتا رہتا ہوں

وہ اضطراب مسلسل نہیں رہا کہ جو تھا
اگر چہ اب بھی تجھے یاد کرتا رہتا ہوں

وا ہوئے پھر لب مرطوب خزاں آخر شب
دل میں کھولی کسی کونپل نے زباں آخر شب

بجلیاں جیسے چمکتی ہوں گھنے جنگل میں
دیدنی تھا تری یادوں کا سماں آخر شب

گنگناتی تھیں وہ سنسان پرانی گلیاں
باتیں کرتے تھے وہ خاموش مکاں آخر شب

بند ہو جاتے تھے جس گھر کے درچے سر شام
میں کسے دیکھنے جاتا تھا وہاں آخر شب

ان ٹھکانوں کے نشانات بھی باقی نہ رہے
جمع ہوتے تھے مرے یار جہاں آخر شب

نہ بدلے گا کبھی موسم ہمارا
رہے گا کیا یہی عالم ہمارا

سئیں کس تار سے پوشاک ہستی
کوئی بخیہ نہیں محکم ہمارا

اسی پر ٹوٹتی ہے تان اپنی
وہی پنچم وہی مدھم ہمارا

کبھی جس سے بہت ملتے رہے ہیں
تعلق رہ گیا ہے کم ہمارا

مگر کب تک چلے گی یاد اس کی
کہاں تک ساتھ دے گا غم ہمارا

دنیا طلسم رنگ و نوا تھی شباب میں
خوشبو ہی اور تھی مرے آب و تراب میں

صحن چمن گلاب کی شاخیں سفید ہاتھ
ناخن چمک رہے تھے شب ماہتاب میں

پہلے ہی کم نہ تھی لب و عارض کی روشنی
کچھ اور بے حجاب لگے وہ حجاب میں

خوابوں کی کرچیاں لیے پھرتا ہوں ساتھ ساتھ
اس دل نے مجھ کو ڈال دیا کس عذاب میں

سفر نیا تھا نہ کوئی نیا مسافر تھا
وہی طلب تھی وہی آشنا مسافر تھا

دیار درد کی پر ہول رہ گذاروں میں
ترا خیال کوئی دوسرا مسافر تھا

جو دیکھتا ہوں تو دیوار آئینہ کے ادھر
مری ہی شکل کا اک بے نوا مسافر تھا

نظر ملی تھی گھڑی بھر کو پھر ملا نہ کبھی
نہ جانے کون تھا کس دیس کا مسافر تھا

زمین پر بھی سر آسماں بھی کوئی نہیں
یہاں بھی کوئی نہیں ہے وہاں بھی کوئی نہیں

کسی کے ہاتھ بھی بند حباب تک نہ گئے
کھلا کہ محرم آب رواں بھی کوئی نہیں

چمک دمک پہ نہ جا چشم و لب کو غور سے دیکھ
غمیں نہیں تو یہاں شادماں بھی کوئی نہیں

ازالۂ سفر رائیگاں تو کیا ہوتا
حوالۂ سفر رائیگاں بھی کوئی نہیں

چپ کہیں اور لیے پھرتی تھی باتیں کہیں اور
دن کہیں اور گذرتے تھے تو راتیں کہیں اور

یہی دنیا تھی مگر آج بھی یوں لگتا ہے
جیسے کاٹی ہوں ترے ہجر کی راتیں کہیں اور

تھوڑے بے حرف سخن دل نے بچا رکھے ہیں
جیسے کرنی ہوں کسی شخص سے باتیں کہیں اور

بال بکھرے ہوئے سفید لباس
رات دیکھا اسے اداس اداس

وہی عالم کہ ہجر تھا نہ وصال
وہی موجودگی کہ دور نہ پاس

کہیں اک نیلگوں جزیرہ ہے
جس کے چاروں طرف ہے پیاس ہی پیاس

ہم نے ہی کبھی کان لگائے نہیں ورنہ
یاں کون صدا ہے جو سنائی نہیں دیتی

شرمندہ ہوں امید ملاقات سحر سے
رخصت ہی مجھے شام جدائی نہیں دیتی

آنکھیں بھی وہی آئینہ دل بھی وہی ہے
لیکن کوئی تصویر دکھائی نہیں دیتی

اس جال میں ٹوٹا ہوا حلقہ کوئی ڈھونڈو
دنیا تو کبھی اذن رہائی نہیں دیتی

خواب رخسار یار میں گذری
زندگی انتظار میں گذری

دل کو جانا تو تھا مگر مت پوچھ
یہ خزاں کس بہار میں گذری

کوئی قدغن کسی طرف سے نہ تھی
اپنے کھینچے حصار میں گذری

کس گھاٹ اتر گئے میری آوارگی کے دن
وہ دل کے اضطراب کی راتیں خوشی کے دن

کس دشت بے کنار کی لہروں میں کھو گئے
اے موج آرزو تری تشنہ لبی کے دن

اس دل کو اب بھی تجھ سے تعلق ہے دور کا
رہتے ہیں آس پاس تری دوستی کے دن

میں اک گل عجب تھا گلستان شوق کا
رہن خزاں رہے مری رامش گری کے دن

کیسے مطلب ادا کرے کوئی

دکھ کا کیا ترجمہ کرے کوئی

ایک بے رنگ سی اداسی ہے

ایسے موسم میں کیا کرے کوئی

لوگ پہلے ہی کون سے خوش ہیں

کیوں کسی کو خفا کرے کوئی

کھول دیتی ہے زندگی آنکھیں

لاکھ سپنے بنا کرے کوئی

عمر بھر اس کے زنداں میں رہے
جان چھوٹی نہ ملاقات آئی

اسی چکر میں زمانے گذرے
دن چڑھا شام ہوئی رات آئی

تھوڑا سورج ہی بچا کر رکھ لو
کچھ تو نکلے گا جو برسات آئی

صبح ہوتی نہیں دیکھی ہم نے
رات گذری تھی کہ پھر رات آئی

(شہریار کے لئے)

دل میں پھر بارشوں کا موسم ہے
روز کالی گھٹائیں آتی ہیں

ایک قطرے کو چھیڑنے کے لئے
کیسی کیسی ہوائیں آتی ہیں

دیر کے بند چائے خانوں سے
قہقہوں کی صدائیں آتی ہیں

جان یادوں سے چھوٹتی ہی نہیں
دور تک یہ بلائیں آتی ہیں

خوش نہیں تھے ہمیں نکال کے وہ
آپ بھی آسمان چھوڑ گئے

بستیوں میں بنوں میں غاروں میں
لوگ کیا کیا نشان چھوڑ گئے

جس کا پوچھا یہی جواب ملا
وہ تو کب کے مکان چھوڑ گئے

نہ سہی خار غم خلش ہی سہی
کچھ تو وہ مہربان چھوڑ گئے

ناخن پا نے طلسمات کے در کھول دیے
پنکھڑی دیکھ کے یاد آگیا سارا موسم

کاسنی پھول ہرے پیڑ سلگتی شاخیں
کون بادل تھا کہ برسا گیا سارا موسم

رنگ پتوں کے بدلنے لگے جھڑنے لگے پھول
دیکھتے دیکھتے مرجھا گیا سارا موسم

پھر نہ وہ شاخ سمن تھی نہ وہ جنگلہ نہ وہ شام
آن کی آن میں دھندلا گیا سارا موسم

سب ساحلوں کی نقش گری دیکھتے رہے
پانی پہ کیا رقم ہے کسی نے نہیں پڑھا

ریگ رواں بھی پیاس تھی آب رواں بھی پیاس
حرف سراب تشنہ لبی نے نہیں پڑھا

اب مجھ کو داد سارا زمانہ بھی دے تو کیا
جس کے لئے لکھا تھا اسی نے نہیں پڑھا

بدن میں باغِ عدن کی فضا بھی شامل ہے
اس آب و گل میں وہ آب و ہوا بھی شامل ہے

صباحتِ لب و عارض میں صبح بھی ہے شریک
شفق میں شوخیِ رنگِ حنا بھی شامل ہے

یہ بوجھ کوئی اکیلا اٹھا نہیں سکتا
مرے قدم میں ترا نقشِ پا بھی شامل ہے

اندھیرا سا ہوا پھر ایک دم تارے نکل آئے
یہ کن یادوں کی ٹھنڈی ریت پر سر رکھ دیا میں نے

اتارے طاق نسیاں سے کئی گذرے ہوئے موسم
پھر ان کو طاق نسیاں پر اٹھا کر رکھ دیا میں نے

بہت جی چاہتا تھا کل تری آواز سننے کو
تری آواز آئی تو رسیور رکھ دیا میں نے

کہا ہے دل نے کئی بار کان میں کہ چلو
ہم اس طلسم در و بام سے نکل جائیں

دل فگار یہ خار رہ محبت ہیں
یہ وہ نہیں ہیں جو آرام سے نکل جائیں

ترے جمال پہ آئے نہ کوئی آنچ کبھی
ترا بدن کبھی آزردۂ گزند نہ ہو

بس ایک حسرت دیدارِ گل ہے آنکھوں میں
درِ بہار دلِ بے نوا پہ بند نہ ہو

اشعار

تماشا گاہ جہاں میں مجال دید کسے
یہی بہت ہے اگر سرسری گذر جائیں

ملنے کی یہ کون گھڑی تھی
باہر ہجر کی رات کھڑی تھی

کر تار ہتا ہوں اسے یاد مگر ساتھ ہی ساتھ
دل سے کہتا ہوں کہ اب یاد میں کیا رکھا ہے

بات جاتی نہیں ہے رات کے ساتھ
زندگی بھر صدائیں آتی ہیں

اس گل سرخ تمنا کو کہاں سے لاؤں
جو مری روح کے جنگل میں چراغاں کر دے

زمین پر تھے تو سر آسماں سے لگتا تھا
ذرا اٹھے جو زمیں سے تو نقش پا ہوئے ہم

چھت سے کچھ قہقہے ابھی تک
جالوں کی طرح لٹک رہے ہیں

اشک تو کب کے ہوئے خشک مگر چشمِ خیال
آج بھی حسرتِ دیدار سے نم رہتی ہے

عمر بھر دکھ سہتے سہتے آخر اتنا تو ہوا
اپنی چپ کو دیکھ لیتا ہوں صدا بنتے ہوئے

غم کی مجلس میں بھی لازم نہیں سب کا رونا
نہیں روتے ہمیں اچھا نہیں لگتا رونا

تیرے گھر کا پتہ ہے یاد اب تک
جھنڈ تھے کچھ وہاں درختوں کے

یہ فکر تھی پہلے کہ سفر کیسے کٹے گا
اب سوچ رہے ہیں کہ بہت تیز چلے ہم

سخن ساز خاموش رہنا بھی سیکھ

خموشی بھی اک طرزِ اظہار ہے

نظمیں

نظم

خاموش کھڑی ہے اک عمارت

چو گرد ہیں خاردار تاریں

پہرے پہ ہے فوجیوں کا دستہ

آنگن میں گھنی ہے اس قدر گھاس

ملتا نہیں جگنوؤں کو رستہ

شاخوں کی طرف پلٹ رہے ہیں

بکھرے ہوئے پھول چاندنی میں

پودوں پہ جھکی ہے ایک لڑکی

خوابوں کی ملول چاندنی میں

قینچی سے گلاب کاٹتی ہے

نظم

گھاس پر تتلیاں
ٹوٹے ہوئے پتوں کی طرح بکھری ہیں

تراجم

کہیں سے لا نفسِ عندلیب کا دامن
دمِ صبا سے تو روشن ہوئی نہ آتشِ گل
(ظہوری، فارسی سے)

حیرت پہ مرتسم نہ ہوا نقشِ حسنِ یار
چشمِ امید اور ہے آئینہ اور ہے
(بیدل، فارسی سے)

دل پہ یادِ خمِ ابرو نے ہے مارا ناخن
موج ہے بہرِ جگر کاوی دریا ناخن
(بیدل، فارسی سے)

پوچھے جو دوستوں کا صبا آکے نوبہار
کہنا وہ گل تو سب خس و خاشاک ہو گئے

(امیر خسرو، فارسی سے)

ہر پھول کے بدن سے دیکھا لہو ٹپکتا
یارب کہاں کے کانٹے ٹوٹے دل چمن میں

(بیدل، فارسی سے)

وقت اک دیدۂ بے پایاں ہے جس کے اندر
عکس کی طرح ہم آتے ہیں چلے جاتے ہیں

(اوکتاویو پاز، انگریزی سے)

سب کا ماتم میں نے کیا اور سب کو میں نے دفنایا

میرا ماتم کون کرے گا کون مجھے دفنائے گا

(اینا اخمتووا، انگریزی سے)

نیا کلام

(کچھ مطبوعہ، کچھ غیر مطبوعہ)

یہ وہ کلام ہے جو گذشتہ کسی مجموعے یا کلیات میں شامل نہیں ۔
اور اس کلیات (2018) میں پہلی بار سامنے آ رہا ہے ۔

یہ بات نہ بھول اے زمیں زاد

ہے ظلم بھی آدمی کی ایجاد

"یہ رسم قدیم ہے یہاں کی'

ہوتے ہی رہے ہیں شہر برباد

ہم ایک ہی شاخ کے ہیں دو پھول

اے میرے شریک میرے ہمزاد

تو کس کو پکارتا ہے اے دل

یاں کون سنے گا تیری فریاد

دنیا کو بھلا نہ پائیں گے ہم

آئے گی یہ زندگی بہت یاد

وہ تیرا خیال وہ تری یاد
سورج سا ملال چاند سی یاد

ڈھلتی ہی نہیں کسی غزل میں
گذری ہوئی ایک شام کی یاد

میں تجھ کو کہاں چھپا کے رکھوں
اے میری بہن مری دکھی یاد

لب پہ کوئی دعا نہیں آتی
کوئی حمد و ثنا نہیں آتی

موسم درد عشق بیت گیا
اب وہ کالی گھٹا نہیں آتی

بام و در دھوپ کو ترستے ہیں
کھڑکیوں سے ہوا نہیں آتی

کیوں نہ چلاؤں میں کہ یاروں کے
قہقہوں کی صدا نہیں آتی

چلو میں تو اتر گیا دل سے
یاد بھی میری کیا نہیں آتی

دل کی قسمت میں ایک ہی رت ہے
پھر وہ آب و ہوا نہیں آتی

گھر بنا کر بھی میسر نہ ہوا گھر اپنا
بن گئی نقل مکانی ہی مقدر اپنا

تھیں کبھی پر تو خورشید سے آنکھیں روشن
عکس مہتاب سے سینہ تھا منور اپنا

کیوں کوئی شے متحرک نہیں کرتی ہم کو
آنکھیں بے نور نہیں دل نہیں پتھر اپنا

آس ابھی تک کسی آہٹ سے لگا رکھی ہے
آج بھی ہم نے لپیٹا نہیں بستر اپنا

دہلیز پہ چاندنی کھڑی ہے
یہ رات کی کون سی گھڑی ہے

جگ بیت گئے مگر وہی شام
اب تک مری یاد میں گڑی ہے

کچھ بھی نہ ستم گروں نے چھوڑا
ہر چیز مَلی دَبی پڑی ہے

اس زلف سے سلسلہ ہمارا
زنجیر کی آخری کڑی ہے

میں گاؤ زمانہ و زمیں ہوں
دنیا مرے سینگ پر کھڑی ہے

اسی جزیرۂ جنت نشان ہی میں رہے
ہم اس جہان کے تھے اس جہان ہی میں رہے

زمینیوں کے تھے اپنے مہ و نجوم بہت
جو آسمان کے تھے آسمان ہی میں رہے

نئی جگہ میں تو سب کچھ سما نہ سکتا تھا
وہ صبح و شام پرانے مکان ہی میں رہے

نہ جانے کون کشش تھی ہوا کی گلیوں میں
کہ نو نیاز پرندے اڑان ہی میں رہے

جو چار حرف بمشکل زباں تک آئے تھے
تمام عمر امید بیان ہی میں رہے

پلٹ کے بھی نہیں دیکھا پکار بھی نہ سنی
رہا جواب سے محروم ہر سوال مرا

جہاں اٹھائے ہیں سو رنج ایک یہ بھی سہی
سنبھال خود کو مرے دل نہ کر خیال مرا

وہ زلف باد صبا بھی تھی جس کی باج گذار
اسی کے قرض میں جکڑا ہے بال بال مرا

خزاں میں بھی وہی رونق ہے جو بہار میں تھی
نہیں نشاط سے کم مرتبہ ملال مرا

منہ سوئے فلک ہے بھونکتا ہوں
آواز سگان بے نوا ہوں

یاروں کو ضیافتیں مبارک
میں ایسی غذا پہ تھوکتا ہوں

پروانہ بھی آپ شمع بھی آپ
اور بزم سے دور جل رہا ہوں

مجھ سے نہ الجھ ہوائے دنیا
میں دل کی زمین سے اگا ہوں

دنیا سے بھی ہے دلی تعلق
دل کا بھی مزاج آشنا ہوں

ہاتھوں پہ اٹھائے چاند کی لاش
تاروں کے غروب تک گیا ہوں

ہیں ابر و ہوا گواہ میرے
سورج کے پڑوس میں رہا ہوں

صحرائے طلب کے ساربانو
خوابوں سے لدا ہوا کھڑا ہوں

بس موج خیال یار تھم جا
ساحل کے قریب آگیا ہوں

لفظوں کے سراب سے نکل جا
کاغذ کے عذاب سے نکل جا

افسانۂ حسن ختم پر ہے
افسون شباب سے نکل جا

میں دل کی طرف پلٹ رہا ہوں
دنیا مرے خواب سے نکل جا

مت ریجھ فریب کار دل پر
اس شہر خراب سے نکل جا

اے رمز شناس مہرو مہتاب
اس آب و تراب سے نکل جا

دل میں کہیں سراغِ نشاط و الم نہیں
گو شور بھی بہت ہے خموشی بھی کم نہیں

جو اک سوال تھا مرے لب پر کہاں گیا
مجھ کو ترے جواب نہ دینے کا غم نہیں

اپنائیت تو وہ کہ محبت بھی ہوشیار
بیگانگی تو یہ کہ مروت بہم نہیں

میلے لگے ہوئے تھے اسی دل کے آس پاس
اب دور دور تک کوئی نقشِ قدم نہیں

مرے اندر کوئی شے مائل فریاد رہتی ہے
مقید ہے مگر ہر بند سے آزاد رہتی ہے

جہاں دل تھا کبھی سایہ نظر آتا ہے اب دل کا
جہاں آنسو رہے اب آنسوؤں کی یاد رہتی ہے

مرے ناکام دل اک عمر ہوتی ہے تمنا کی
نہ پھر وہ شوق رہتا ہے نہ استعداد رہتی ہے

بے شماروں کو بھی شمار کرو
ان کے دکھ کا بھی اعتبار کرو

یہ جو چپ چاپ گرتے رہتے ہیں
ان کو بھی شامل بہار کرو

اپنی آنکھوں سے دیکھنا سیکھو
اپنے کانوں پہ انحصار کرو

تہمت کفر بھی ضروری ہے
مذہب عشق اختیار کرو

قلب جاری نہیں ہوا ہے ابھی
ذکرِ امید بار بار کرو

اب جہاں کاٹ لی ہے اتنی رات
اور کچھ دیر انتظار کرو

خرد کی فتنہ سامانی کے دن ہیں
یہ داناؤں کی نادانی کے دن ہیں

نئی دنیا بنائی جا رہی ہے
یہ بنیادوں کی ویرانی کے دن ہیں

جنوں والو کہاں سوئے پڑے ہو
یہی تو چاک دامانی کے دن ہیں

برا لگتا ہے جو ہوتا نہیں اچھا موسم
اچھا ہوتا ہے تو اچھا نہیں لگتا موسم

ایک دم جاگ اٹھیں یاد کی ساری گلیاں
دل سے گذرا ہے دبے پاؤں یہ کیسا موسم

شاخِ طوبیٰ پہ کھلے جاگتے جسموں کے گلاب
دیکھ دنیا کو کہاں لے گیا دل کا موسم

آسماں جھاگ اڑاتا ہوا گہرا نیلا
کتنا روشن تھا تری دید کا پہلا موسم

تند و تاریک ہواؤں کی گذرگاہ سے دور
شورِ آوازِ خزاں آپ ہے اپنا موسم

گھر بنا کر بھی ہمارا گھرا پن نہ گیا
اچھا لگتا تھا تری راہگذر میں رہنا

ایک ہم ہیں کہ جنھیں اپنی خبر بھی نہ رہی
ایک وہ ہیں جنھیں آتا ہے خبر میں رہنا

اب الگ ہو گئے سارے تو خیال آتا ہے
اتنا مشکل بھی نہ تھا ایک ہی گھر میں رہنا

اجنبی رہتے نہیں ہیں آشنا ہوتے نہیں
ہم جدا ہو کر بھی لگتا ہے جدا ہوتے نہیں

اہل دل کے ساتھ وہ بیماریِ دل بھی گئی
لوگ اب ایسے مرض میں مبتلا ہوتے نہیں

یوں پکارو جیسے جنگل پر برستی چاندنی
وصل کے در دستکیں دینے سے وا ہوتے ہیں

یہاں جو ہے اپنا پرستار ہے
محبت سے کس کو سروکار ہے

کبھی خواب میں بھی لگایا نہ ہاتھ
یہ بندہ تمھارا گنہگار ہے

سخن ساز خاموش رہنا بھی سیکھ
خموشی بھی اک طرز اظہار ہے

شور وصل و فراق ہی نہ رہا
دل کا وہ طمطراق ہی نہ رہا

ان سے ملنے ضرور جاتے ہم
عالم اشتیاق ہی نہ رہا

تراجم

بیدل

مرا ز روز قیامت غمے کہ ہست این است
کہ روے مردم عالم دوبارہ باید دید

مجھے روز حشر سے بس کوئی خوف ہے تو یہ ہے
کہ ملیں گی دیکھنے کو یہی صورتیں دوبارہ

مسعود فرزاد

(صادق ہدایت کے ماتم میں)

تو آب رواں بودی ورفتی سوئے دریا

ماسنگ وکلوخیم و نہ جوے بماندیم

آب رواں تھا تو سوئے دریا چلا گیا

ہیں سنگ وخشت ہم سو تہ آب رہ گئے

ایک گلی چھوٹی سی

فروغ فرخ زاد

ہے ابھی تک وہ گلی چھوٹی سی

جس میں پھرتے ہیں وہ لڑکے اب بھی

جن کے دل میں تھی محبت میری

سوکھی سوکھی ہوئی ٹانگوں والے

الجھے الجھے ہوئے بالوں والے

یاد کرتے ہیں وہ معصوم ہنسی

کسی گڑیا سی حسیں لڑکی کی

جس کو اک رات ہوا در کہیں پھینک آئی

ہے ابھی تک وہ گلی چھوٹی سی

میرا دل جس کو چرا لایا ہے

میرے بچپن کے گلی کوچوں سے

رات

فروغ فرخ زاد

رات آتی ہے تاریکی چھا جاتی ہے

تاریکی میں

ہاتھ اور آنکھیں

آنکھیں اور پرچھائیاں

او پر نیچے ہوتی سانسیں

تیزی سے چلتی ہوئی سانسیں

نل سے ٹپ ٹپ گرتا پانی

پھر دو سرخ چمکتے نقطے

جلتے سگریٹ

گھڑی کی ٹک ٹک

دو دل، دو تنہائیاں

ایک پرندے کی تصویر بنانا

ژاک پریویر

پہلے ایک پنجرہ بناؤ

جس کا دروازہ کھلا ہو

پھر کوئی پیاری سی، کوئی سادہ سی، کوئی خوب صورت سی چیز بناؤ

کوئی ایسی چیز جو پرندے کے کام آسکے

پھر کینوس کو درخت کے ساتھ لگا دو

کسی باغ میں کسی بیلے میں، کسی جنگل میں

خود درخت کے پیچھے چھپ جاؤ

خاموشی کے ساتھ

ہلے جلے بغیر

کبھی کبھی پرندہ فوراً آجاتا ہے

لیکن اسے ارادہ باندھنے میں کئی سال بھی لگ سکتے ہیں

ہمت نہ ہارو

انتظار کرو

انتظار کرو چاہے کئی سال تک انتظار کرنا پڑے

پرندے کی فوری آمد یا دیر سے آمد کا تصویر کی کامیابی کے ساتھ کوئی واسطہ نہیں

جب پرندہ آئے، اگر آئے تو، بالکل چپ سادھ لو

اس وقت تک انتظار کرو جب تک کہ پرندہ پنجرے میں داخل نہیں ہو جاتا

اور جب وہ داخل ہو جائے

تو موقلم کی ایک نرم جنبش کے ساتھ دروازہ بند کر دو

پھر ایک ایک کر کے پنجرے کی تمام سلاخیں بناؤ

اس احتیاط کے ساتھ کہ موقلم پرندے کے کسی پر کو چھونہ سکے

پھر ایک درخت کی تصویر بناؤ، پرندے کے لئے خوب صورت ترین شاخ چن کر

اس کے علاوہ سبز پتوں کے ہجوم کی ، تازہ ہوا کی ، سورج کے سنہرے غبار کی

اور موسم گرما کی تپش میں گھاس کے اندر کیڑے مکوڑوں کے شور کی تصویریں بھی بناؤ

اور پھر

پرندے کے گانے کا انتظار کرو

اگر پرندہ نہیں گاتا

تو یہ برا شگون ہے

یہ اشارہ ہے کہ تصویر بری ہے

لیکن اگر وہ گانے لگے

تو سمجھو کہ تصویر اچھی ہے اور تم اپنے دستخط کر سکتے ہو

چنانچہ بڑی ملامت کے ساتھ پرندے کا ایک پر تو ڑو

اور تصویر کے ایک کونے پر اپنا نام لکھ دو

عرفی، غالب، شیمس ہینی

ملالِ عالمیاں دمبدم دگرگون است
منم کہ مدت عمرم بیک ملال گذشت

عرفی

شعر

رنگ ملالِ خلق بدلتا ہے دم بدم
میں ہوں کہ میری عمر کٹی اک ملال میں

چوں درد نہ پیمانہ باقیست ہنوز

شادم کہ بہار لالہ باقیست ہنوز

در کیش توکل غم فردا کفرست

یک روزہ مئے دوسالہ باقیست ہنوز

غالب

رباعی

جب درد نہ پیمالہ باقی ہے ابھی

خوش ہوں کہ بہار لالہ باقی ہے ابھی

فکر فردا کیش توکل میں ہے کفر

اک دن کی مئے دو سالہ باقی ہے ابھی

نظم

دریا کی تلیٹی

خشک

آدھی بھری ہوئی

پتوں سے

ہم

کان لگائے

درختوں میں سے آتی

دریا کی آواز پر

پاکستان کے لئے ایک دعا

سدا رہیں تیرے کھیت سنہرے

کوٹھے بھرے رہیں

پانی رہے ترے دریاؤں میں

جنگل ہرے رہیں

امن ملے تیرے بچوں کو

اور انصاف ملے

دودھ ملے چاندی سا اجلا

پانی صاف ملے

(1973)

اشعار

کیا شب ہجر تھی سویر لگی
چاند کو ڈوبنے میں دیر لگی

دل عاشقاں بھی نکلا دل عافیت پسنداں
نہ کوئی خراش ناخن نہ کوئی نشان دنداں

اپنے خوابوں کے جزیروں کو خیالی نہ سمجھ
وہ جزیرے اسی دریا سے نمایاں ہوں گے

چڑھا ہے تیری تنگ قبائی کا دور دور
اک رات میرے دل میں بھی آ پیرہن سمیت

کیا تھا مری جیب میں بجز دل
جو کچھ ہے ترا دیا ہوا ہے

کیا ہے بند ان آنکھوں کو تو نے
زمانے ٹوٹ ہی جائیں ترے ہاتھ

تمام شہر ہے ڈوبا ہوا اندھیرے میں
دلِ خراب و شبستان بوالہوس کے سوا

احمد مشتاق

ان دنوں لاہور کی راتیں جاگتی تھیں۔ جہاں اب نئی آبادیاں بس گئی ہیں وہاں ہرے بھرے جنگل تھے۔ واپڈا ہاؤس کی جگہ میٹرو ہوٹل تھا جہاں رات گئے تک شہر کے زندہ دل جمع ہوتے تھے۔ اسمبلی کے سامنے ملکہ کے بت کے چاروں طرف درختوں کی سبھا تھی، جو دائرے بنا کر رات بھر ناچتے تھے اور آتے جاتے مسافروں کو اپنی چھاؤں میں لوریاں دے کر سلاتے تھے۔ سڑکوں پر کوئی کوئی موٹر نظر آتی تھی۔ تانگے تھے اور پیدل چلنے والی مخلوق۔ نہ رائٹرز گلڈ تھی نہ آدم جی اور داؤد پرائز تھے اور نہ غیر ملکی وظائف۔ جس طرح قیام پاکستان کے وقت سرکاری دفتروں میں جدید قسم کا آرائشی سامان نہ تھا، بس چند پنسلیں اور چند بے داغ کاغذ تھے اور بابائے قوم کا ذہن اور پوری قوم کا عزم تھا۔ اسی طرح ادیبوں کے پاس نہ کاریں تھی نہ فرج اور ٹیلیویژن سیٹ، نہ بڑے ہوٹلوں کے بل ادا کرنے کے لئے رقم تھی۔ ان کے جیب میں چند آنے اور ایک معمولی سا قلم ہوتا تھا اور ایک کاغذ پر تازہ تحریر ہوتی تھی۔

یارب جمع ہوئے رات کی خاموشی میں

کوئی رو کر تو کوئی بال بنا کر آیا

رات کی خاموشی میں جمع ہونے والے یہ ہمعصر اپنی آنکھوں میں رفتگاں کے خواب اور مستقبل کا سورج لے کر گھر سے نکلتے تھے اور لاہور کے چائے خانوں، کتب خانوں اور گلیوں

میں ستاروں کی طرح گردش کرتے نظر آتے تھے مگر ان کی روشنی نئے ادب کے معماروں اور مشاعرے کے شاعروں سے الگ تھی۔ یہ تنہائی میں چھپ کر رو لیتے تھے مگر رقت بھری رومانوی تحریریں نہیں لکھتے تھے۔ نہ بال بکھرا کر محفل ادب میں آتے تھے۔ انھیں دنوں ایک لڑکا مجھے ایک چائے خانے میں نظر آیا جس کی آنکھوں میں بیداری کی تھکن اور مستقبل کے خواب تھے۔ سفید قمیص سفید شلوار پہنے ہوئے تھا اور وہ بال بنا کر آیا تھا۔

اجنبی رہزنوں نے لوٹ لئے

کچھ مسافر ترے دیار سے دور

جب میں نے اس سے یہ شعر سنا تو یوں لگا جیسے یہ میری اپنی کہانی ہے۔ احمد مشتاق سے میری دوستی کی بنیاد یہ ہے کہ وہ گھر سے ایک شاعر کا دل لے کر آیا تھا۔

اب رات تھی اور گلی میں رکنا

اس وقت عجیب سا لگا تھا

یہ گلی، جس میں چند ہم عصر چلتے چلتے رک کر ایک جگہ ملے تھے، قیام پاکستان کے بعد ایک نئے طرز احساس کی علامت ہے۔

—ناصر کاظمی

احمد مشتاق

احمد مشتاق آئینہ فروش نہیں، آئینہ نما ہے ۔ اس کے شعروں میں دنیا کا عکس پڑتا ہے، دلوں کی بے کرانی کی جھلک نظر آتی ہے ۔ یہ غزلیں کہاں ہیں، یہ شعر کہاں سے ہیں! یہ تو کسی بہت بڑے آئینے کی ٹوٹ پھوٹ کی گواہیاں ہیں ۔ دل بھی ٹوٹ جاتا ہے لیکن آئینے کے پرخچوں کی طرح کبھی آسمان کو سمو لیتا ہے، کبھی زمین کی سیر دکھاتا ہے ۔ شاید اس کلام میں آئینوں کے بجائے بے داغ شیشوں کی سی شفافی اور سفای ہے ۔ آر پار ہر شے یوں نظر آتی ہے جیسے درمیان میں کچھ حائل نہیں ۔ پرندے اڑے آتے ہیں اور دل میں کہتے ہیں کہ سامنے جو ہرا بھرا گھنا درخت ہے اس پر آشیاں بنائیں گے ۔ آ کر شیشے سے ٹکراتے ہیں اور مرتے مرتے سوچتے ہیں کہ دنیا کتنی پر فریب ہے ۔ یہی ان شعروں کی شفافی اور سفای ہے کہ جہاں بات بن گئی ہے، اور اکثر بن ہی جاتی ہے، اسے پڑھ کر دل دو نیم ہو جاتا ہے ۔

محبت میں گم ہو جانے کی کہانی، محبت کے گم ہو جانے کی کہانی، وقت کے گذرنے کا احساس، وقت جو زیاں کی ہمیشگی ہے، وقت جس کے بغیر نہ محبوب کا کوئی وجود ہے نہ عشق کا، نہ ان یادوں کا جو دل میں ایندھن بن کر ڈھیر ہوتی جاتی ہیں ۔ ان سب کیفیتوں کو احمد مشتاق نے بڑی کفایت اور نفاست سے اپنے اشعار میں سمیٹ لیا ہے ۔ بظاہر تو صرف یاد

اور فریاد کے اوراق کو الٹا پلٹا گیا ہے لیکن کتنے ہی شعر ایسے بھی ہیں جو صرف ذاتی معاملوں تک محدود نہیں، اجتماعی وارداتوں کی طرف بھی پر درد اور طنز آمیز اشارے کرتے ہیں ۔ کاش احمد مشتاق کی تلاش ختم نہ ہو، پیاس نہ بجھے ۔ یہ دعا تو نہیں، بد دعا بھی نہیں ۔ جو خزاں دیدہ ورق اس کے گلشن سے اڑ کر ہم تک پہنچتے ہیں ان پر جو پیام درج ہے وہ ہم سب کی رام کہانی ہے ۔ یہ موسم، یہ سفر مبارک ہو ۔ بقول فیضیؔ

کس نمی گوید م از منزل آخر خبرے

صد بیاباں بگذشت و دگرے درپیش است

— محمد سلیم الرحمن